CONVIÉRTETE EN UN
ÉXITO
FRACASANDO

ENCUENTRA LA OPORTUNIDAD
EN CADA DIFICULTAD

LAURA TEME

WHITAKER
HOUSE
Español

Editado por: Ofelia Pérez

Conviértete en un éxito fracasando
Encuentra la oportunidad en cada dificultad

ISBN: 978-1-64123-474-0
eBook ISBN: 978-1-64123-482-5
Impreso en los Estados Unidos de América.
© 2020 por Laura Teme

Whitaker House
1030 Hunt Valley Circle
New Kensington, PA 15068
www.whitakerhouseespanol.com

1 2 3 4 5 6 7 8 9 10 ⨆⨆ 26 25 24 23 22 21 20

DEDICATORIA

Quiero dedicar este libro a Héctor, mi amor, que me recuerda en cada emprendimiento que tengo permiso para fracasar.

A Yasmín, Jael y Abigail, mis hijas, quienes nacieron en un tiempo en que la tolerancia a la frustración es escasa, pero a pesar de eso supieron celebrar los fracasos y usarlos como puente para el éxito.

A mi padre, Juan José Bugni, que nunca enfatizó en las veces que me caí, sino en lo rápido que me levantaba.

A cada persona que toma del brazo su fracaso para ir a la cima, convencida de que el fracaso se cansará antes que su propia perseverancia.

Te dedico este libro a ti, que estás leyendo este libro. Seguramente sabrás lo que es el fracaso y estás deseoso de sacar lo mejor de este momento.

AGRADECIMIENTOS

En primer lugar, quiero agradecer a Dios. Por Tu amor es que estoy aquí.

A mi esposo Héctor, mi amor, mi compañero y asesor, mi admirador y mi mejor crítico.

A Jael Teme Pizarro por tanto apoyo, compañía y complicidad. Gracias por alentarme, corregirme y ayudarme en cada paso. Tus ideas me llevaron más lejos.

A Yasmín Teme Yunes y Abigail Teme por sus tan valiosos aportes. Gracias, hijas, a las tres, que escucharon mis capítulos una y otra vez con oído agudo e infinita paciencia.

Familia, gracias por tanto amor.

A Judith Barbieri, mi gran amiga, quien me ayudó en importantes detalles de este libro.

A Salvador Paiz por tu generoso aporte y apertura, por tu hombría de bien y por permitir que tantas personas sean bendecidas por todo lo que haces, pero más por quien eres.

A mi querido Efraín Ruales, que sin dudarlo estuviste dispuesto a abrir tu corazón para contarle a quien sea que necesite escuchar, que es posible tener éxito donde fracasaste.

A Xavier Cornejo, quien con una mirada de excelencia eres capaz de encontrar el talento en las personas antes que otros lo puedan ver.

A todos aquellos personas y personajes que aportaron sus historias para ilustrar las ideas de este libro y demostrar que puedes convertirte en un éxito fracasando.

TABLA DE CONTENIDO

INTRODUCCIÓN

"La calidad de vida depende de la calidad de las preguntas que me haga".
—Tony Robbins

Si eres una persona, seguramente habrás vivido alguna decepción, habrás cometido errores y habrás fracasado alguna vez. O muchas veces. Tal vez más de las que hubieras querido. La tasa de fracaso en la humanidad es del cien por ciento, así que nadie queda exento. Hasta los mejores, los más inteligentes fracasaron alguna vez, y ¿sabes por qué? Estoy segura de que ya sabes la respuesta.

¡Sí! ¡Porque eran humanos!

La buena noticia es que si estás leyendo esto es porque has sobrevivido, y gozas de este gran regalo que es la vida, que tiene tantísimos privilegios y responsabilidades. Y lo mejor es que aún hay oportunidades para cada uno.

Esta es una invitación a la libertad; a que vivas tu vida con pasión. A que te levantes una vez más y vuelvas a intentarlo como si nunca te hubieras caído, pero habiendo aprendido para no caerte nuevamente.

¡Hay esperanza!

En algún momento de la vida, sin duda, nos enfrentaremos a un fracaso. Tendemos a desalentarnos, y muchas veces llegaremos a creer que ese es el fin de nuestro futuro. Pero déjame decirte que no tienes la exclusividad de los fracasos. Los exitosos y los que no lo son, todos fracasan. Si creíste que las personas exitosas nunca fracasaron, te cuento que no es así.

La diferencia entre los exitosos y los fracasados es la manera en que se relacionan con el fracaso.

Lo importante no es lo que te pasa, sino cómo te relacionas con lo que te pasa, y el tipo de observador con el que mires el fracaso. Este libro, que desafiará al máximo tu mirada, te enseñará que el aprendizaje está en la brecha entre el fracaso y el éxito, y que el fracaso es materia prima del éxito.

Aprenderás cómo mirar la vida desde la posibilidad, y ver las oportunidades en medio del fracaso, para que obtengas lo mejor de cada paso que des, y te conviertas en un éxito ¡fracasando!

El aprendizaje está en la brecha entre el fracaso y el éxito; el fracaso es la materia prima del éxito.

DEFINICIÓN DE FRACASO

Según el diccionario, el término "fracaso" proviene del verbo fracasar. Este, a su vez, hace referencia a la frustración (cuando se malogra una pretensión o un proyecto) y al resultado adverso en un negocio. En concreto, se considera que dicho término emana del vocablo italiano *fracassare*, que puede traducirse como "estrellarse" o "romperse". Otra acepción: Fracaso es el resultado adverso de una cosa que se esperaba que sucediese bien.

Un fracaso es, por lo tanto, un suceso lastimoso y funesto, según describe el diccionario de la Real Academia Española. Por otra parte, el concepto se refiere a la caída o ruina de algo con estrépito y rompimiento.

Lo interesante es que el fracaso no es un estado, sino el hecho de estrellarse, el romperse. Puede ser producto de una adversidad, de una prueba, de una consecuencia de un estiramiento, o de todas ellas. Pero también vemos que el fracaso es conforme a nuestras expectativas. Resulta entonces ser totalmente subjetivo.

Cuando te sumerges en el fracaso, dejas de ver la posibilidad de la vida. Y si estás enfocado en el fracaso, o lo que vives como fracaso, seguramente pierdas el rumbo, porque ibas camino a otro lugar que se llama éxito.

El fracaso es una práctica durante el camino hacia el éxito.

El fracaso no siempre es visible. Me gustaría que pudieras definir: ¿Qué es para ti el fracaso? ¿Cómo ves el fracaso en las situaciones particulares donde no obtuviste lo que querías?

Te invito a recorrer el camino de estas páginas hasta el final, y a que seas capaz de capitalizar tus fracasos y tus errores en aprendizaje; de convertirlos en parte de la plataforma de tu vida y así te ayuden a elevarte, en lugar de cargarlos sobre tu cabeza o tu espalda y te arrastren hacia abajo.

Convertiremos cada paso del fracaso en el camino que te llevará a un lugar de libertad y posibilidad. Trabajaremos el F.R.A.C.A.S.O desde las siguientes miradas:

Foco

Responsabilidad

Aceptación

Compromiso

Aprendizaje

Sentido

Oportunidad

Tendrás las herramientas para que cambies el foco, tomes responsabilidad, y seas capaz de aceptar el fracaso (no estoy hablando de resignación); así podrás declarar nuevos compromisos, y lograrás el aprendizaje que te dará un nuevo sentido para que comiences a ver la oportunidad que está delante de ti.

No es lo que logro lo más importante, sino en quién me convierto mientras alcanzo mis logros.

Todo lo que vivimos nos afecta y nos modifica de alguna manera. El simple hecho de lograr algo, de obtener éxito en un área, nos afecta. Pero todo aquello que hicimos durante el proceso y quiénes fuimos para lograrlo, nos va formando. Por eso quiero que una de las primeras cosas que hagas al comenzar a leer el libro, sea estar bien claro y ser consciente de quién eres. Aunque todavía no te conozco, sí sé algo de ti: ¡no eres tus fracasos!

Más allá del significado semántico del fracaso, nos encontramos con un fenómeno interpretativo. Cuando vivo un fracaso, lo vivo desde mi percepción de la vida y las conclusiones personales a partir de los factores internos, mis valores personales y mis creencias.

Lo que para algunos representa fracaso puede ser que para mí no lo sea. De la misma manera sucede con el éxito. Muchos pueden celebrar tu éxito, mientras que puede ser que ese éxito a ti no te haga sentir plenitud.

Si tuvieras el éxito asegurado y pudieras pedir cualquier cosa, ¿qué pedirías? ¿Qué es aquello que quieres alcanzar en la vida? ¿Realmente lo quieres alcanzar? ¿Qué estás dispuesto a hacer para lograrlo?

Si mañana alcanzaras el éxito que quieres alcanzar, ¿en quién te convertirías? ¿Qué cosa en ti sería diferente? ¿Quién serás cuando lo logres?

1

EL DOLOR ES INEVITABLE,
EL SUFRIMIENTO ES OPCIONAL

"¿Qué hacemos cuando algo se rompe en nosotros, en nuestras vidas, en nuestra casa, en nuestro corazón?"

Recuerdo el día que el mundo se me vino abajo. Pensé que nada de lo que había hecho serviría en ese momento. La doctora salió y nos dio la noticia.

Estábamos en una sala rodeados de personas. Miraba sus rostros y todos estaban preocupados. Las paredes blancas se volvían grises al reflejo de cada uno de los que allí nos encontrábamos. Afuera hacia demasiado calor, recuerdo también que llovía... de a ratos. Entre la humedad y la lluvia de Miami, estábamos los dos (mi esposo y yo), esperando que esa mujer abriera su boca:

"'Tienes un tumor maligno que ha contaminado tus ganglios linfáticos", me dijo, y continuó dando detalles de la gravedad de mi situación. Se trataba de un cáncer en etapa cuatro. Lo habían corroborado, y se habían asegurado de ello. Aunque interiormente de alguna manera yo sabía que esto estaba ocurriéndome, me encontraba frente al momento en el que no podía seguir negando mi situación.

Recuerdo ese instante como uno de los momentos más difíciles en mi vida. Fue como si todo se oscureciera de pronto. Comencé a tener una mezcla de sensaciones encontradas que luchaban entre sí.

Dentro de mí había una lucha entre el pasado y el futuro, entre lo correcto y lo incorrecto, la culpa y el dolor, entre el agotamiento que tenía y las fuerzas dentro de mí que querían levantarse y levantarme. Había una lucha entre la vida y la muerte.

Tenía que elegir si me iba a dejar dominar por las emociones; si me haría cargo del futuro o dejaría que este se escapara como agua entre mis manos.

Me remonto a ese momento y no puedo recordar colores, solo el gris. Todo era gris.

Pero había una cosa que tenía muy clara. Y eso era que, fuere como fuere, yo elegía que no iba a ser víctima de la situación, sino protagonista. A partir de ahora tomaría todas las oportunidades que Dios me pusiera en mi camino para salir adelante y ganar esta batalla.

Pero ocurría que, tal vez, mi más grande tentación era recapitular mis fallas, errores y fracasos; tal vez buscando una explicación inconscientemente. Me sentía culpable y fracasada. Con todo este bagaje sobre mí, tenía mucho trabajo por hacer.

Debía luchar, perseverar ¡y ganar! No había otra opción. Bueno, sí la había, pero yo estaba determinada a vivir. Sabía que el camino no sería fácil y que no todo sería perfecto, pero estaba segura de que al final vencería.

Me había determinado a vivir mi futuro para dar todo lo que aún no había dado y poder amar todo lo que aún no había amado. Disfrutar con mi familia todo lo que aún no había disfrutado. Conocer a los nietos que todavía no habían nacido. Había elegido volver a soñar y no abandonar la carrera por mucho que costara.

Pero no estaba sola. Mi incondicional esposo, al igual que mis hijas y mi yerno (en ese entonces solo tenía uno), todos me acompañaron en esta travesía. Tenía amigas y amigos que fueron como ángeles en medio de la adversidad. Mi amiga Grace Crespo fue una de esas personas que siempre estuvo presente desde el comienzo del proceso, y estuvo a mi lado en los momentos más difíciles. También mis hermanos estuvieron conmigo. A pesar de la distancia, no dejaron de acompañarme ni un minuto, ni de esforzarse y estar, de manera presencial, en los momentos más intensos.

Los estudiantes de nuestra Formación de Coaches, y aun aquellos que ya se habían graduado, formaron un enorme grupo de oración cubriendo por fragmentos de horarios durante las veinticuatro horas del día, todos los días de la semana y todas las semanas del mes hasta que terminé el tratamiento y estuve fuera de peligro.

Sería imposible nombrarlos uno por uno en esta ocasión, pero sé dos cosas: lo primero es que jamás lo olvidaré. Lo segundo es que esa lista completa con el nombre de cada uno está grabada en el cielo. Y toda esa red de personas que son capaces de elevar un pedido al cielo por la vida de alguien que tal vez no conocen demasiado, todos y cada uno jugaron un papel fundamental en mi proceso de sanidad.

Desde el momento que recibí la noticia, pude reconocer cuán privilegiada y bendecida era por la calidad de las relaciones que me rodeaban. De alguna manera había construido algo grande, tal vez una de las más grandes riquezas que se pueda tener.

Había pasado la primera semana de tratamiento de quimioterapia y mis fuerzas estaban diezmadas. Necesitaba dormir más que de costumbre.

Recuerdo, como si fuera hoy, abrir mis ojos y ver a mi esposo sentado en un sillón al lado de la cama. Dormido. Totalmente vencido por el cansancio, más que físico, emocional. Aquellos que conocen a Héctor saben que no es característico de él estar sentado en un sillón por más de cinco minutos, especialmente durante el día.

Esta enfermedad, si bien le sucedió a mi cuerpo, nos afectó a todos, especialmente a mi esposo. Él es escritor, pastor y también un hombre de negocios. Es muy fuerte e inteligente, pero este golpe de la vida no te deja igual. Poco después de terminar el proceso, Héctor hizo una entrevista con Sixto Porras donde compartió cómo vivió cada paso del desafío. Te quiero compartir su mirada.

ENTREVISTA A HÉCTOR ACERCA DEL DOLOR Y DE LA ADVERSIDAD

Sixto Porras es un amigo de la familia. Nos conocemos desde hace años y admiramos su trabajo en Enfoque a la Familia, como él y su familia admiran el nuestro. Nos gusta ayudarnos como organizaciones, y así ha sido a través de las décadas.

En esta oportunidad, Sixto invitó a Héctor a hacerle una entrevista en Costa Rica para su programa de radio, y el tema a tratar sería la adversidad. Cada pregunta, y el compromiso de

Héctor para que otros aprendan a relacionarse con la adversidad y el fracaso, hizo de ese tiempo un momento único.

Luego de las presentaciones, y entrando de lleno en la adversidad, Héctor respondió:

Si un fracaso es el acto de estrellarse, ese día sentimos que golpeábamos con toda nuestra fuerza en el asfalto. Nos tocó vivir un momento difícil. Estábamos en el mejor momento de nuestras vidas. Nosotros hemos trabajado mucho durante muchos años para ser una posibilidad en el desarrollo y empoderamiento de líderes cristianos en toda Iberoamérica. Hemos luchado mucho.

Con los años han visto nuestro trabajo, los frutos, y en un excelente momento, abriendo la universidad de coaching, llevando adelante todos los procesos de formación y transformación, con nuestra agenda superllena, un día fuimos al médico y nos encontramos con la novedad de que Laura tenía cáncer. Y fue duro, porque en realidad al principio uno no lo entiende.

¿Me equivoqué en algo? A uno le surge la pregunta… como ese relato en las escrituras que dice: ¿Me equivoqué en algo? ¿Quién pecó, él o sus padres? Y fue un shock, un tremendo shock.

Esto fue hace unos meses atrás. Nos encontramos que estaba con un cáncer avanzado, un cáncer de pecho en un nivel estadio cuatro, que había tomado también varios ganglios, y que había que empezar un tratamiento urgente.

Y ahí nos dimos cuenta de varias cosas.

Primero, pudimos reconocer claramente que Dios seguía en control.

Esto fue lo más terrible, porque en realidad esto nos pasó en julio y nos dimos cuenta cómo desde marzo había preparado todo, había mudado a una de nuestras hijas cerca. La otra, que vivía en otro estado, por diferentes motivos también había elegido regresar a Miami.

El día que esto pasó toda la familia estaba junta. Fue impresionante para nosotros porque pudimos tomarnos de la mano y llorar juntos.

Lo segundo que nos pasó es que teníamos dos posibilidades: o buscamos la solución a esto o le buscamos aprendizaje. Normalmente la gente cuando habla de enfermedad solo busca soluciones. Y nosotros elegimos empezar a hablar de aprendizaje.

El caso no fue solamente el cáncer de Laura, sino fue el espacio de sufrimiento, de dolor, de la reflexión, de arrodillarnos a los pies del Señor, de toda la familia. Y todos tuvimos que preguntarnos quiénes elegíamos ser, qué queríamos aprender de esto.

Una de las cosas que creo que me di cuenta es que yo estaba dispuesto a ayudar, y que estaba preparado para ayudar. Aunque estaba tan comprometido con ayudar, que no permitía que nadie me ayudara.

Me encontré con aquellos que están con nosotros solamente porque les interesa lo que hacemos, y que cuando hay un problema o un sufrimiento se van rápido. Así que le agradezco a Dios por este tiempo, porque me ayudó a limpiar la casa.

Me encontré con los amigos. Yo levanté el teléfono y llamé a algunos pastores amigos. Yo tengo en este momento cinco personas que me llaman constantemente, y me dicen: "Yo sé que quizá ni siquiera me pueden atender o que no tenés ganas de hablar… pero solo para que sepas que estamos contigo".

Qué hermoso, nos encontramos con que había un grupo de personas que Dios tenía dispuesto para enseñarnos, y lo primero que aprendimos es que debemos seguir creciendo.

No solo debes ayudar, sino debes permitir que te ayuden.

Lo segundo fue darnos cuenta de que cuando hay una adversidad de esta naturaleza, o podemos sacar lo peor de nuestras individualidades, o lo mejor de nuestro conjunto o como familia.

Otra de las cosas que aprendimos es que el éxito y la sanidad están en entender que todos estamos pasando por la quimio, que todos estamos pasando por el cáncer.

No es "yo tengo cáncer", o "ella tiene cáncer"; es "nosotros tenemos cáncer".

Lo tercero que aprendí, y creo que es el aprendizaje más grande, es para qué Dios nos permitió pasar este tiempo. Entrenamos muchos líderes y muchas iglesias, y yo pensaba que allí estaban los que vivían las promesas. Pero había algo más profundo entre ser un cristiano de promesas y ser un cristiano de unción: y era vivir en Su presencia.

Aprendí en estos meses que no hay lugar más grande que estar a sus pies. Aprendí a cerrar los ojos y verlo en el trono *celestial, y saber que Él está intercediendo por nosotros, que Cristo está vivo con un cuerpo incorruptible y espíritu edificante, y que Él es nuestro Señor; y en estos tiempos como familia estamos buscando más Su presencia.*

Estas son las cosas que más hemos aprendido en estos días. La otra cosa que me pasó es que solamente se puede pasar un proceso de adversidad en el contexto del amor.

Laura y yo estamos en un momento donde nos amamos más que nunca, y más que nunca aprendí que el amor no está en pensar por el otro, sino en pensar desde el otro en un momento de adversidad.

Tienes que dejar que te ayuden.

Tienes que vivir el proceso como un proceso de aprendizaje y no como la búsqueda de la solución. Y tienes que vivir las 24 horas en el contexto del amor.

Otro de los momentos especiales que vivimos fue las pérdidas y consecuencias de la adversidad. Laura nunca se cortaba el pelo. El pelo era su tesoro, su cabello largo era su orgullo, le encantaba.

Al empezar la quimioterapia, el mismo comenzó a caerse y a caerse. Entonces esa noche nos miramos y tomamos la decisión de hacerlo juntos. Nos fuimos al baño de casa, tomamos una cortadora y yo le corté el pelo. Veíamos caer el pelo y veíamos cómo aparecía su cabecita desnuda y estábamos en ese momento que nos encontró llorando.

Nos dolía en el alma, nos dolía el cuerpo, pero elegimos no sufrir.

El dolor era inevitable. Teníamos una tremenda angustia, pero en el medio de ese dolor estábamos tomados de la mano. Juntos estábamos confiando en el futuro y nos mirábamos a los ojos y nos amábamos. Del mismo modo que con o sin pelo, o con más o con menos.

El fracaso y la adversidad nos habían estrellado en un abismo de vacíos. Por eso el pedido constante de Laura era: "Estate conmigo".

Esta es una de las enseñanzas más fuertes. No se puede vivir un fracaso y un vacío al mismo tiempo. Se puede vivir una adversidad y un dolor, pero se necesita que algo o alguien esté acompañándote para que sea un dolor en compañía y no un sufrimiento en el vacío de la soledad.

Creo que ese es el tema de la enfermedad. Cuando uno de los miembros de la familia pasa un problema de enfermedad o de adversidad, lo primero que surge es "esta es mi enfermedad, esto es mi problema".

Esto, incluso, trae una carga, un peso a la familia. Y se supone que uno debe llevarlo solo y se dice a sí mismo: lo voy a llevar solo. Y el secreto más grande es entender que no es uno el que está enfermo, sino que nosotros estamos enfermos; que no es uno el que tiene cáncer, sino que nosotros tenemos cáncer; que no es uno el que se va a sanar, sino que somos nosotros los que nos vamos a sanar.

Debemos salir de la cultura del yo y entrar en la cultura del nosotros.

Creo que constantemente lo que yo siento de ella es ese "estate conmigo", "pasa tiempo conmigo". Eso te lleva a ver la vida desde otro lugar.

Hoy respira con doble pasión y hoy tiene una percepción diferente de la vida. Cuando uno tiene una enfermedad que es de muerte, como puede ser el cáncer, uno toma más conciencia de la vida. Así es. Y ojalá que no te tenga que pasar a ti. Pero si tienes algún miembro de tu familia con un problema de adversidad, elige pensar desde él o ella, y abrazarlo.

Toma conciencia con este familiar de lo linda que es la vida. Yo le diría a la gente simplemente que, en medio de la adversidad, piense que va a llegar mejor preparado a sus sueños, que no solo no deje los sueños, sino que ellos se conviertan en el norte.

A mí me gusta pensar en una visión como un punto de partida en un punto de llegada, no solo como un sueño ya lejos, sino como parte de nuestras vidas. Cuando vienen situaciones difíciles, uno cree que solo es el presente.

La batalla, la gran batalla, es vivir el presente desde el futuro que viene. Si solo vas a vivir lo que te está pasando tratando de solucionar el hoy, probablemente te verás llegar muy débil al mañana.

En estos momentos es cuando sale lo mejor de ti; y si te estás dedicando solamente a cuidar el exterior, o los sentimientos, o a pasar momentos de placer y no cuidaste el interior, posiblemente este sea el gran momento para fortalecer tu interior, para ser diferente desde adentro.

Yo creo que son momentos que te sacuden y que te hacen reflexionar, y que quizá es el gran momento en donde Dios te dice: "OK, mira, sigo en control, te perdono y voy a cubrirte en lo que venga a futuro".

Ojalá puedas vivir ese momento. Ojalá no te quedes simplemente en el ayer. Si te condenas por lo que pasó, fracasas.

Si no te puedes acercar al Señor porque tienes vergüenza, no temas. Él te estará esperando con los brazos abiertos, y siempre estirando su mano abierta para ti.

Tercero, si vas a seguir haciéndolo mañana, de nada sirvió este aprendizaje. Toma decisiones sólidas. Aprende. Por eso, si solo buscas solucionar el problema y tomar la enfermedad como un problema, solo vas a resolver la enfermedad. Ahora, si eliges aprender de ella, posiblemente te eleves en tu vida cotidiana.

Así que les dejo con esto:

Simplemente ponga sus cosas en orden. Abra los brazos, déjese amar. Haga lo que tiene que hacer.

Ore, vaya donde usted crea que Dios va a sanarlo. Confíe en la sanidad de Dios. Y confíe en los procedimientos médicos.

Se puede sanar de diferentes maneras; y recuerde que una enfermedad no es solamente una cosa, pueden ser un montón de cosas; y la enfermedad no es solamente de uno, puede ser de varios. Entonces, comparta su enfermedad y probablemente van a poder compartir la sanidad de la misma.

Yo creo en un Dios que sana, y sana familias cuando estas eligen arrodillarse juntas y confiar en que Dios está ayudándoles. Y creo que eso puede pasar también contigo.

EL DESPUÉS

Por más duro que haya sido el proceso, aquí estoy contándote la historia. Hoy tengo otra mirada de la vida, otro entendimiento, y vivo agradecida por la nueva oportunidad de utilizar más sabiamente este regalo que es un privilegio, y también mi responsabilidad.

Hoy soy más fuerte, más sana y más sabia. Tengo vida y la voy a aprovechar.

EL FRACASO COMO IMPULSOR

¿Cuál es la actitud que tienes a la hora de realizar un proyecto? ¿Estás buscando tener éxito o buscas no fracasar?

Cuando nos vemos frente a las situaciones, debemos tomar decisiones. Siempre lo hacemos. Aun cuando no tomamos una, la decisión fue no decidir.

> Lo más importante no es lo que te sucede, sino cómo te relacionas con ello. Y vas a relacionarte según quién eres al momento que suceden las cosas.

Nuestros modelos mentales tienen mucha inherencia en la manera en que resolvemos el dilema de las decisiones. Porque quien fuiste hasta aquí tiene que ver con todo aquello que ha sucedido en tu vida, es decir, en tu pasado. Y muchas cosas que han sucedido en tu vida no fueron tu elección. Pero quien serás mañana, depende de lo que elijas hoy.

¡Vale decir que tu futuro está en tus manos!

El modelo mental "fracaso", nos lleva a desistir de seguir intentándolo. En cambio, el modelo mental "todavía no lo logré", nos lleva a seguir trabajando para lograr el resultado. Cada modelo mental está conformado por diferentes paradigmas que se convierten en patrones.

En el primer caso hago una cantidad de intentos finitos y desisto cuando creo que hice suficiente. En el segundo modelo estoy diciendo: "Lo voy a intentar tantas veces como haga falta hasta que por fin lo logre".

Hoy puedes elegir. Comienza a preguntarte, "¿qué más puedo hacer para lograrlo?", y vuelve a intentarlo todas las veces que sea necesario. Permite que el fracaso te impulse a un nuevo resultado, entendiendo que los desafíos que enfrentamos no son una línea recta. De hecho, la vida no está dibujada en línea recta.

Imagínate una montaña cuya ladera es una hermosa y pulida línea recta hacia la cumbre. ¿Te imaginas tratando de subirla? Supongamos que la pendiente no es muy pronunciada. Puede ser que logremos avanzar algo, lo cual no significa que nos hemos acercado mucho a la altura que queremos alcanzar.

Pero digamos que, en esta montaña perfecta, ves la cima que no está tan lejos, logras llegar a cierta altura y te detienes. Solo por la ley de la gravedad la caída será inevitable y rápida.

Cada obstáculo tiene el poder de recordarte cuán grande es tu deseo de alcanzar lo que quieres, mientras te fortalece y forjas tu carácter.

En cambio, pensemos en la ladera que tiene piedras y pozos, desniveles y hasta espacios desconocidos, porque no los pudimos anticipar. Es a causa de estos obstáculos que se hace posible escalar para llegar a la cima. A veces son las dificultades y los obstáculos los que te ayudan a elevarte y ser consciente de lo que quieres. Cada obstáculo tiene el poder de recordarte y cuestionarte sanamente cuán grande es tu deseo de alcanzar lo que quieres, al mismo tiempo que te fortaleces y forjas tu carácter. Ese mismo obstáculo te ayudará a tomar las próximas decisiones con mayor sabiduría.

Casi todas las personas sabemos lo que no queremos, pero cuando pasaste por la situación, no solo sabes lo que no quieres, sino que tienes claro el motivo por el cual no lo quieres.

Aquí te comparto algunos principios que te ayudarán a desarrollar patrones saludables.

1) Planificación

¿Cuál es tu visión? Desarrolla una visión; solo con el deseo no será suficiente.

2) Prepara el contexto.

La preparación indica el grado de fe y compromiso que le pones.

3) Prepárate.

¿Qué te está faltando para estar a la altura del proyecto o visión?

4) Previene.

¿Qué cosas podrían ser un obstáculo en este camino?

5) Prográmate.

Ser consciente del riesgo te ayudará a dar la milla extra, que no te sorprenda.

6) Piensa.

Visualiza con claridad nuevamente lo que quieres.

7) Ponte en acción.

No esperes todas las condiciones, especialmente si eres de aquellas personas que siempre le agregan una cosa más a la lista.

FRACASO Y ÉXITO COMO CONDICIONANTES

En el 1990, dos psicólogos de la Universidad de Columbia realizaron un experimento que sacó a la luz los daños que causa la presión por tener éxito. Los investigadores le pidieron a un grupo de niños de entre diez y doce años de edad, que completaran una serie de ejercicios para evaluar su inteligencia.

A la hora de evaluar les dieron una retroalimentación que no tenía nada que ver con su desempeño. A algunos les dijeron que habían tenido un desempeño excelente, los elogiaron diciéndoles que eran "genios"; a otro grupo, que lo habían hecho bien; y a otros no les dijeron nada.

Luego, los psicólogos explicaron a los niños que podían elegir entre tareas muy fáciles que probablemente resolverían bien, pero con las que no aprenderían mucho; o tareas más difíciles en las que podrían equivocarse, pero también aprender cosas nuevas.

El 65% de los niños que habían sido elogiados y puesto en la categoría de genios, optaron por la tarea fácil. Mientras que en los otros grupos ese porcentaje disminuyó casi a la mitad.

Esto significa que desde temprana edad incorporamos la noción de éxito y fracaso como condicionante, dado que los niños que habían recibido elogios consideraban que, de alguna manera, en caso de equivocarse, podrían perder el éxito que habían logrado. En cambio, aquellos que no fueron elogiados estaban dispuestos a correr el riesgo de equivocarse para aprender algo nuevo.

Responsabilidad es la habilidad para responder. No es tener la culpa, ni un nombramiento en particular, sino aquello que nos permite responder comenzando por nuestro deseo. Esta distinción es particularmente importante, porque si tienes la habilidad para responder por tu futuro, te resultará inmensamente útil el hacerte cargo de tus fracasos. De hecho, notarás que no será un esfuerzo enfrentarlos, sino que buscarás en ellos para ser capaz de construir el futuro que estás eligiendo. Para esto será necesario que puedas aceptar los errores o fracasos, y entonces podrás hacerte responsable.

El problema es que muchas veces parece que aceptar nuestro fracaso fuera el permiso para que otro me critique o me condene. Y eso ocurre cuando se malinterpreta la palabra "aceptar". Aceptar siempre es un lugar para volver a diseñar. Y es a través de una declaración. No es resignación, ni aquello que me pone con la cabeza gacha. Muy por el contrario, es quizás uno de los momentos culminantes y más honestos que deba tener frente a una circunstancia. Es cuando puedo decirle "sea" a mi fracaso, a mis errores o a mis circunstancias mientras los miro a los ojos, diciéndoles, "aquí estoy yo, y sé que tú estás aquí también, ¡pero yo sé a dónde voy, y te diré adónde vas tú!"

> **No desaproveches ninguna oportunidad de enfrentar cada fracaso sabiendo que te llevará un paso más cerca del éxito.**

Entonces hago un rediseño que me lleve a lograr lo que estoy buscando. Por ejemplo, si mi estrategia de mercadeo me hace gastar un 10% más de lo que está presupuestado y no tiene ningún impacto (estoy fracasando), es hora de aceptar la condición y rediseñar.

Cuando puedes interpretar el fracaso como una oportunidad para aprender, este te servirá como impulsor. Cuando utilizas el fracaso como plataforma, o escalón para crecer, estarás atento a la oportunidad de aprender. Busca la oportunidad donde tus emociones respondan favorablemente, porque de ese modo ellas te predisponen positivamente para la acción.

PREGUNTAS PARA REFLEXIONAR Y TRABAJAR

Foco

¿Dónde está tu foco hoy?

Responsabilidad

¿De qué cosa te haces hoy responsable?

Aceptación

¿Hiciste una declaración aceptando tu situación para rediseñar, o simplemente quedó en la sensación?

Compromiso

¿Qué estás dispuesto a hacer para alcanzar tu visión u objetivo?

Aprendizaje

¿Qué te dejó esta situación?

Sentido

¿Para qué crees que has pasado por el camino de ese fracaso?

Oportunidad

¿Cuál es la oportunidad en este fracaso que no estoy siendo capaz de ver?

2

CONVERSACIONES SOBRE EL FRACASO

"De acuerdo con la calidad de tus conversaciones, será la calidad de tu vida. De acuerdo a cómo conversas en medio del fracaso, será tu futuro."

Finalizaba el año 1999 y comenzaba el último año, no solo de la década, sino de un siglo. Estábamos pasando del siglo XX al siglo XXI. Estaba llegando el tan esperado año 2000.

Desde pequeña soñaba con ese día. De niña era muy inquieta, soñadora y con una gran imaginación. El paso del tiempo no era una realidad visible para mí. Y como es el caso de todos los niños, no tenía límite para dibujar el futuro de la manera que quisiera. Todo era posible. Aunque no lo teníamos todo (más bien estábamos bastante lejos de eso), me habían enseñado que todo era posible.

Albert Einstein decía: "Si lo puedes imaginar, lo puedes lograr".

Yo creo profundamente que Einstein tenía razón. La imaginación es más poderosa que la inteligencia, porque está más allá de la razón y creo que llega más rápido a mi corazón.

Imaginaba la vida del 2000 como una vida llena de tecnología. Tomando como modelo a los Supersónicos, suponía tal vez que no solo podríamos hablar por teléfono y vernos las caras a distancia a través del aparato, o ir a visitar a nuestros amigos en una pequeña nave espacial para ahorrar tiempo. Me imaginaba también que podríamos contar con Robotina para que hiciera todas las cosas de la casa, y que también fuera mi asistente personal. Amaba soñar con ese futuro tecnológico lleno de sorpresas.

¿Pero cómo sería realmente entrar al siglo XXI?

Seguramente para ese momento ya estaría casada con un maravilloso hombre que me amara y cuidara, y con quien haría de cada día una aventura emocionante. O al menos eso esperaba y soñaba.

En el caso que no lograra mi objetivo de ser astronauta (que era mi sueño para aquella época), pues entonces sería una exitosa empresaria, ya que me apasionaba increíblemente organizar a las personas, ayudarlas, y producir cosas (siempre estaba inventando algo). Disfrutaba el ver las cosas que sucedían porque hacíamos que sucedieran, y si en ese camino ayudaba a alguien, ¡mejor! Hacer transacciones me encantaba. Y resolver problemas, ¡más!

Astronauta o empresaria, pero en ambos casos, fuera lo que fuera, soñaba tener hijos. Hablaba con mis hermanos acerca de nuestros sueños y sostenía que yo tendría una linda familia. Una familia unida. Como la nuestra. Alegre, preparada y saludable. Y una casa linda… pero entera… Sí, entera (no como la nuestra).

Porque mi casa, que de pequeña había sido muy bonita, en un momento determinado se convirtió en una casa "en arreglo". ¿Cómo llegamos allí? Te lo cuento en otro libro. Lo que puedo contar era que mi padre en una etapa de su vida, cada vez que algo se rompía, lo ponía en la categoría "por arreglar". No me malinterpretes, mi padre era un hombre muy trabajador, pero corrían ciertas circunstancias que ahora no vienen al caso.

Así que era una casa que se rompía cada día. Una casa rota, y me daba mucha vergüenza.

Mis hermanos y yo realizamos toda nuestra educación elemental en un colegio privado que nuestros padres pagaban con mucho esfuerzo. Una familia con cuatro hijos era considerada familia numerosa y calificábamos para que uno de nosotros tuviera una beca completa. La gran mayoría de mis compañeros eran de excelente posición económica. Sus casas eran muy lindas. Y cuando nos juntábamos a hacer la tarea y daba mi dirección, el referente era "la casa que está en arreglo" (por no decir la casa rota), ya que era la única casa de la cuadra en esas condiciones.

Por supuesto que le hacía frente a eso y me mostraba como muy superada... pero no, no era así. De modo que, si tener una casa entera para otros era normal, para mí era una parte importante del sueño que había elegido soñar. Así que te pido que no me juzgues, o por lo menos espera a terminar de leer el relato.

De regreso a 1999, estaba felizmente casada con un maravilloso hombre que me amaba y cuidaba, y a quien yo amaba y admiraba. Teníamos ya dos hijas pequeñas y planeábamos una tercera. Nuestra empresa funcionaba maravillosamente bien. Además, corríamos la iglesia como pastores y disfrutábamos la bendición y prosperidad que teníamos.

Gozábamos de un ambiente de trabajo más que agradable en nuestra oficina. Las computadoras hacían posible comunicarte con alguien en otro lugar viéndoles la cara.

No tenía a Robotina, pero tenía una aspiradora que me hacia la limpieza de los pisos a la misma hora todos los días, sin necesidad de que yo hiciera nada. Y teníamos una hermosa casa que estaba entera. Realmente podíamos decir que lo habíamos logrado.

Hasta aquí todo bien...

Llegamos al lugar en el que estamos por "las decisiones que hemos tomado y las elecciones que hemos hecho".

Por alguna razón decidimos vender nuestra casa y mudarnos a otra ciudad donde también teníamos iglesias de nuestra red que estaban creciendo exponencialmente. Fue entonces que compramos un terreno en Mar del Plata, una ciudad a 400 km de Buenos Aires y vendimos la casa que teníamos para construir lo que sería nuestro nuevo hogar.

Claro que mientras tanto debíamos vivir en algún lugar, así que cuidando el presupuesto elegimos rentar un departamento muy, pero muy pequeño, al lado de nuestra oficina y de la iglesia, mientras continuábamos la construcción de la nueva casa.

El colegio de las niñas estaba cerca, mis suegros también vivían allí en el mismo edificio, y como eran ya mayores era importante para nosotros tenerlos cerca.

La diferencia realmente se sentía por pasar de una casa de más de cinco mil pies cuadrados, en la que cada mañana al levantarnos podíamos disfrutar del sol que entraba por los ventanales y un colorido jardín, a un departamento de 800 pies cuadrados con un solo baño en el que hasta la sombra nos quedaba afuera.

Cada vez que sacábamos algo para usar, todo se desordenaba. Pero con el entusiasmo de la nueva casa los meses se hicieron muy cortos. Claro que ese solo fue comienzo de una seguidilla de decisiones equivocadas.

Recuerda que estamos donde estamos por "las decisiones que hemos tomado y las elecciones que hemos hecho", y que no es lo que sucede lo más importante, sino cómo me relaciono con lo que sucede.

Siempre fuimos personas naturalmente optimistas, sin embargo, nuestras conversaciones acerca de la situación del país y de nuestra situación personal comenzaron a cambiar, y a verse afectadas por una realidad que apenas sabíamos en ese momento describir.

El 2000 ya había llegado y había tomado carrera.

Conforme el año avanzaba las cosas comenzaron a complicarse con el poco espacio del pequeño departamento, ya que Abi, mi hija más pequeña, estaba en camino, y a pesar de que las ventas habían caído de manera vertiginosa desde hacía unos meses, decidimos que el tiempo del departamento había terminado y nos fuimos a una casa muy grande fuera de la ciudad, ahora con nuestras tres hijas. Tendríamos mucho espacio, pero estábamos muy lejos de... absolutamente todo.

Una de las áreas de nuestro negocio era la construcción. Teníamos muchos proyectos en curso, habíamos hecho buenos negocios anteriormente, así que teníamos para seguir construyendo.

La situación del gobierno era complicada en Argentina, donde vivíamos en aquel entonces. El tiempo seguía pasando y nosotros estábamos sin advertir lo que se venía.

Comenzó el 2001 que se pasó demasiado rápido, pues estábamos demasiado ocupados viendo cómo sosteníamos nuestro cada vez menos productivo negocio. De modo que avanzábamos a ritmo constante y tranquilo esperando que las ventas se reactivaran. Siempre fuimos propensos a tomar riesgos, y ahora no era la excepción.

Durante los 11 primeros meses de 2001 fueron retirados 18 000 millones de dólares de la banca nacional debido a la enorme desconfianza de los ciudadanos en la solidez de las entidades, y eso sumado a muchas situaciones a nivel nacional. Ese era el contexto en el que nos estábamos moviendo. A pesar de que la estabilidad económica en Argentina nunca fue una constante, jamás pensamos en la posibilidad de vivir lo que vendría.

El tres de diciembre de ese año el gobierno declaró la restricción de libre disposición de dinero en efectivo, de plazos fijos, cuentas corrientes y cajas de ahorro, a lo que llamaron El corralito. Este episodio quedó marcado en la memoria de los argentinos como la pesadilla económica mundialmente conocida.

Ese día, los ahorros de toda la vida de algunas personas, los fondos operativos y generales de las pequeñas y medianas empresas habían desaparecido temporalmente. Y con ellos los proyectos, los sueños y los recursos que prometían el sustento de una vida mejor.

La situación generó protestas de los ahorristas y represiones policiales que acabaron con la vida de varias personas. En ese momento el presidente en funciones decidió huir en su helicóptero abandonando el poder, dejando un país sumergido en el desorden y la incertidumbre, que pasó de lo económico, a afectar el comportamiento de gran parte de la población. Siguieron los saqueos que se desataron en todo el país. Se habían formado bandas de personas que recorrían los mercados y negocios de todo tipo para llevarse lo que encontraran a su paso. La calle era sumamente peligrosa y estas bandas comenzaron a entrar a las casas también a llevarse lo que fuera y a romper cuanta cosa se les pusiera adelante. La imagen de Argentina era la de un país en caos, un verdadero desastre en el que tres presidentes pasaron por el poder en menos de un mes.

¡Así llegaba el final del año! Con nada de ventas, una casa enorme alejada de la ciudad y sin dinero disponible.

Ahora quebrados y rodeados por el fracaso, nos encontrábamos en uno de los momentos más vulnerables de nuestras vidas. Habíamos experimentado un terrible golpe y nuestras conversaciones no nos habían alcanzado para lograr algo diferente.

CRISIS Y OPORTUNIDAD

Dicen que en los momentos de mayor crisis es cuando podemos encontrar las mejores oportunidades.

Además de todas las actividades regulares, habíamos comenzado a practicar todo lo que habíamos aprendido en nuestro entrenamiento como coaches, y era hora de elegir si seguiríamos la inercia desastrosa de las circunstancias tomando algunas decisiones conforme a la situación, o si haríamos nuevas elecciones conforme a nuestros compromisos.

Sin saberlo habíamos entrado a una nueva dimensión en la que descubrimos que las conversaciones podían cambiar el rumbo de nuestro destino, y las cosas que hacíamos y vivíamos, ya habían vivido antes en una conversación.

Pero era necesario, en primer lugar, hacernos cargo. Así fue que primero comenzamos a trabajar y cambiar nuestras conversaciones internas; luego las que teníamos entre nosotros; y entonces las que manteníamos con el resto de la gente. Entendimos que las conversaciones que teníamos eran capaces de encauzar nuestra energía personal.

Muchas veces a tu éxito solo le falta una conversación.

Comenzamos a incorporar en nuestra vida cotidiana las conversaciones de posibilidad. De manera consciente e intencional nos elevamos en nuestro nivel conversacional. Sabemos que el compromiso es una declaración, que la hacemos en nuestro lenguaje y la sostenemos con acciones. Por eso fuimos enfáticos en las declaraciones y en las conversaciones que teníamos.

Es muy interesante cómo la carga del lenguaje que utilizamos nos permite alcanzar una mirada diferente. Así fue como en el peor momento logramos ver las cosas más maravillosas que teníamos delante de nuestros ojos. Elegimos soltar el fracaso, dejar ir el pasado y abrazar el éxito del futuro. Elegimos que nuestra conversación sería de agradecimiento, y lo más importante de todo fue que comenzamos a disfrutar como nunca antes la familia que Dios nos había permitido tener. A partir de ahí todo comenzó a acomodarse. Pudimos comenzar a ver las oportunidades y aprovecharlas.

Aprendimos la gran lección:

Si cambias tu conversación, cambia tu dirección. Hacerte cargo de tus conversaciones será fundamental para encontrar la salida de ese fracaso.

Muchas veces no sabemos que la razón por la que estamos en una determinada situación es a causa de nuestras conversaciones.

Toma un momento y piensa alguna situación en la que sentiste que fracasaste. Ahora imagínate que tienes la oportunidad de conversar con la persona o personas involucradas, o bien, con quien fuere relevante para la situación. ¿Cómo te sientes? Describe qué le dirías a cada persona (una por vez).

¿Qué cosa estás pensando, pero no se lo dirías? Determina cuál es la razón por la cual no le dirías lo que realmente piensas. ¿Qué conversaciones debes evitar y cuáles debes eliminar?

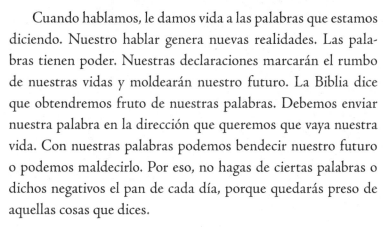

Estamos a una conversación de distancia de cambiar el mundo. Conforme a lo que hablas, eres.

Cuando hablamos, le damos vida a las palabras que estamos diciendo. Nuestro hablar genera nuevas realidades. Las palabras tienen poder. Nuestras declaraciones marcarán el rumbo de nuestras vidas y moldearán nuestro futuro. La Biblia dice que obtendremos fruto de nuestras palabras. Debemos enviar nuestra palabra en la dirección que queremos que vaya nuestra vida. Con nuestras palabras podemos bendecir nuestro futuro o podemos maldecirlo. Por eso, no hagas de ciertas palabras o dichos negativos el pan de cada día, porque quedarás preso de aquellas cosas que dices.

Proverbios 6:2 dice: *"Te has enlazado con las palabras **de tu** boca, Y has quedado **preso** en **los dichos** de tus labios"*.

Si vas a quedar preso de algo, de todas maneras, haz la declaración correcta de posibilidad, y que tu condena sea el éxito. Lo más importante no es lo que sucede en nuestras vidas, sino la manera en que nos relacionamos con eso que sucede.

Algunas personas son más propensas a hablar, son capaces de poner en el lenguaje aquello de lo que quieren hablar, o impartir, ya sea porque tienen más facilidad de palabra o porque creen que serán escuchados.

Otros, en cambio, están en un lugar diferente, ya sea porque no creen que sea importante lo que tienen que decir, o creen que de todas maneras nadie los escuchará. Si perteneces al segundo grupo, solo busca ser entrega. Cuando eres entrega, te enfocas en aquello que estás impartiendo: tu mensaje. Y te aseguras de que será algo que edificará a otros. Buscas lo mejor de ti para encontrar la energía y la pasión que te haga un mensajero digno. Y no te preocupes más. Te aseguro que saldrás de todo tipo de temor si eres entrega, y dejas de estar condicionado por lo que otros piensan. Por lo tanto, ya no les das a otros el poder de determinar tu fracaso.

Comprométete contigo, apuesta a tu futuro. Atrévete a tener las conversaciones necesarias para mover los engranajes de los resultados y las relaciones. No te refugies en la acción cuando es tiempo de conversación.

Te aseguro que, si estás comprometido, puedes más.

No digo que acortes el camino, sino que estarás dispuesto a recorrerlo, a hacer lo que debes hacer para lograr lo que quieres lograr.

PREGUNTAS PARA REFLEXIONAR Y TRABAJAR

Foco

Las conversaciones que tengo, ¿me ayudan a generar futuro o solo describen pasado?

Responsabilidad

¿Puedo distinguir cuando converso para abrir posibilidades o cuando solo soy una víctima?

Aceptación

¿Mis conversaciones explican lo que pasó o buscan
generar el contexto de lo que va a pasar?

Compromiso

¿Qué acciones debemos conversar para poder llegar a
un futuro de poder?

Aprendizaje

¿Tengo el futuro como una conversación o solo como
acciones? ¿Cómo hablaría hoy de ese futuro?

Sentido

¿Vivo en conversaciones de posibilidades?

Oportunidad

¿Con quién debo abrir conversaciones que me lleven a
nuevos lugares en mi manera de ser?

3

FRACASÉ. Y AHORA, ¿QUÉ HAGO?

"La respuesta nunca va a estar en lo que te pase, sino en cómo te relacionas con lo que te pase."

Ya te caíste. ¡Genial! Ahora te toca levantarte. Fracasar no es el final. Si puedes sacarle aprendizaje, el fracaso puede ser el prólogo a tu mejor historia. Pero claro que antes de sacarle el provecho y llenarte el pecho de orgullo por lo aprendido, es necesario levantarse. Y, sin importar qué tan dura haya sido la caída, levantarse cuesta. Pero déjame decirte que ¡sí! ¡Hay vida después del fracaso!

Quiero que me acompañes a un momento de mi vida que lo archivé dentro de la carpeta "fracaso". Ojo, también es parte de la categoría "aprendizajes". En el momento, cuando estaba viviendo la experiencia, no sentía que tenía ningún beneficio.

Muchos de mis días los paso arriba de un escenario dando conferencias. ¡Me encanta! Es parte de mi misión en la vida comunicar mensajes de esperanza, de motivación, y herramientas poderosas para que otros vivan el máximo potencial en sus vidas.

En esta ocasión en particular, me tocaba dar una conferencia con una temática muy divertida. Mi plan era comenzar con una canción que contaba una historia muy aplicable a lo que estaba por enseñar.

Todo estaba listo, los equipos de sonido habían sido probados, las luces acomodadas, mi presentación se veía excelente y todo el staff parecía estar listo también. Las personas que conformaban el público, a quienes habíamos alentado de manera enfática y especial a estar a tiempo, se encontraban en el salón, según las instrucciones, esperando el comienzo de la conferencia.

Pero algo no ocurrió como debía y cuando todos se habían sentado, la coordinación de la música, las imágenes y mi micrófono no cumplían con la presencia requerida. Y ¡oh, sorpresa!, no podíamos comenzar. Lo que no quería que sucediera, sucedió. Los sistemas estaban fallando. Estábamos oficialmente en crisis.

¿Qué se hace una vez que el fracaso está presente?

Primero, tenemos que aceptarlo. Hacernos conscientes de la situación. No la negamos.

Luego, como sabíamos que lo que determinaría si nos quedábamos en el fracaso o si continuábamos hacia el éxito, sería nuestra reacción ante los hechos sucedidos, elegimos tener la flexibilidad de hacer cambios en el programa y relacionarnos desde el humor. Elegimos aprender de lo que estaba sucediendo. Finalmente, esa maravillosa audiencia se convirtió en el mejor cómplice que pude tener.

Nuestro plan había fracasado, pero salimos de ese salón con un éxito mejorado.

¿Cuándo empiezas a saber que no importa lo que te pasa, sino como te relacionas con ello? Cuando puedes mirar cada adversidad y aprender de ella. Cuando eliges tener conversaciones que te lleven a nuevos lugares. Cuando no eres tu circunstancia, ni siquiera tu dolor, sino alguien que está dispuesto a ir más allá. Así es como llegas a relacionarte con ese momento de manera diferente.

MIRA CON NUEVOS OJOS

Como ves, no son las circunstancias las que definen dónde nos vamos a quedar, si varados en el fracaso de ayer, o enfocados en el éxito de mañana.

Esta reflexión me encuentra justamente arriba de un tren rápido en Italia que en este momento se detuvo en la estación de Verona, la de Romeo y Julieta.

A los lados del tren se extiende un bello canal que lleva mi mirada a un puente tan típico como romántico, con sus arcos por debajo e innumerables cipreses del Mediterráneo. Entre las casas, esos árboles finitos y altos representan para los pobladores de antaño y hasta el día de hoy "inmortalidad y hospitalidad".

Estando en un país tan antiguo como Italia, no puedo dejar de pensar la cantidad de veces que tuvieron que reconstruir sus paredes para seguir adelante; la infinidad de días que sus muros experimentaron caídas. Hospitales, escuelas, edificios de gobierno sufrieron las consecuencias de la historia, tanto de las guerras mundiales como de las batallas por defender y expandir el Imperio Romano.

No importa la circunstancia, sino cómo te relacionas con ella. A veces esto significa volver a construir, literalmente, las paredes caídas. Otras veces quiere decir levantarse y seguir adelante, aunque parezca que no hay solución.

Puede que tu estructura esté derrumbada. Puede que sea una pared de concreto que necesite nuevos ladrillos y cemento. Puede que la "estructura" derrumbada sea tu familia, luego de atravesar un divorcio, o tu carrera luego de quedarte sin trabajo.

Cual sea la circunstancia, la clave para salir adelante será cómo te relaciones con la situación.

Vuelvo a mirar Italia desde los ojos de su historia, y me doy cuenta de que tantos años solo se puede vivir si acepto que todos los días debo empezar de cero. Pero no como un pesar, sino como un nuevo comienzo. Con la ilusión del futuro en el que voy a escribir mi historia.

> **Los fracasos nada te enseñan cuando te aferras a paredes viejas en vez de honrarlas, o cuando no estás dispuesto a volver a construir.**

EN CONSTRUCCIÓN

Reconstruir suena lindo. Suena correcto. Es lo que debo hacer. Pero no siempre tengo las fuerzas necesarias para ponerme de pie y tomar acción.

A mí me encanta ver los programas de televisión que muestran la transformación de una casa vieja. Cuando primero nos muestran la casa, vemos que tiene el techo roto, los gabinetes de la cocina de hace 70 años, la alfombra que fue testigo de muchas visitas. La mayoría de las personas no pagarían mucho dinero por esas casas. Pero el equipo de diseñadores tiene planes de transformar ese espacio en un hogar hermoso. Y cuando llega el momento de mostrarnos el "después" de la transformación, la casa parece completamente nueva.

Lo que más me llama la atención de este proceso de transformación o remodelación, como le llaman en el programa de televisión, es el primer paso. En el programa se denomina el "Día de Demolición". Este día consiste en derribar aquellas paredes que estaban medio rotas, en sacar todo lo viejo y deshacerse de todo lo que no está incluido en el nuevo diseño de la casa.

En el programa nos muestran la fuerza que se requiere para cada martillazo, dándole una y otra vez a la pared hasta que no quede nada. Una vez que las paredes están derribadas completamente, lo que queda es un canvas en blanco; un espacio para comenzar de cero.

Puede que ese sea el punto donde te encuentres ahora. La elección de ir por más requiere tener un plan para el futuro. Dentro del plan, elegimos qué partes no hace falta remodelar y qué partes necesitan ser completamente demolidas para luego volver a construir. Una vez que las paredes viejas vuelven a ser polvo, nos encontramos en ese espacio, entre estar tirado en el suelo y el siguiente paso. Nos posicionamos para volver a empezar.

Estamos hablando de lo que sucede justo después del fracaso: el acto de volver a ponerte en pie. Para "sacarle el jugo" al fracaso, debemos enfocarnos en lo siguiente. Este paso puede que sea el más difícil, ya que requiere de una elección. También requiere de determinación. Y, por último, requiere de fuerza.

ELECCIÓN

Desde el suelo, el cielo aparenta estar más lejos. Todo es cuesta arriba.

Elección es diferente de decisión. Cuando decides, lo haces conforme a las circunstancias; cuando eliges, lo haces conforme a tus compromisos.

Tal vez hasta ahora tomaste decisiones conforme a tus circunstancias. Ahora tienes delante de ti la gran oportunidad de elegir más allá de todo lo que pase, de acuerdo con tus compromisos, sin importar los condicionamientos externos.

> **Cuando decides, lo haces conforme a las circunstancias; cuando eliges, lo haces conforme a tus compromisos.**

Si tienes tus ojos abiertos, quiero que consideres lo afortunado que eres. Ahora tienes la oportunidad de tomar la elección de levantarte.

En este momento cuando estás en el fondo, cuando estás contra la pared, cuando estás en el suelo, puedes ver ese espacio como el lugar donde te estrellaste, o puedes transformarlo en el lugar que te impulsará para comenzar la carrera.

Empieza con una elección. Pero continúa con determinación.

DETERMINACIÓN

Una vez que hayas tomado la elección y emprendas tu camino, empezarás a ver aquellos obstáculos que se quieren interponer. Tu determinación en cada paso te servirá de combustible utilizando como motor tu compromiso de crecer.

Son las personas comprometidas las que hacen la diferencia, las que logran cambiar su realidad. Cuando tienes compromiso, como los diseñadores que remodelan las casas, podrás ver la imagen del después, la casa restaurada, cuando otros solo ven una casa vieja y arruinada. Tú podrás ver oportunidad de construir cuando otros solo verán destrucción.

El compromiso comienza en el lenguaje y luego se baja a tus acciones. Esto quiere decir que para comprometerme con algo primero debo hablarlo. Conversarlo. Declararlo. No alcanza con la sensación o el sentimiento de querer algo. Necesitas ponerlo en palabras y hacer una declaración intencional de aquello que quieres lograr. Tener tu compromiso definido en palabras te ayudará a mantenerte en el camino cuando las cosas se pongan difíciles.

Cuatro cosas fundamentales que necesitas para sostener tu determinación, son: convicción, claridad, consistencia y constancia.

FUERZA

Cuando estás mirando la posibilidad, ves la luz al final del túnel y dices, "vamos". Pero, claro, no siempre ves el final del túnel.

En nuestro viaje por Italia, tuvimos la oportunidad de visitar el Vaticano. Estábamos emocionados por tener frente a nuestros ojos aquello que habíamos leído en libros, visto en fotos y películas. Lo que nos habían contado no era comparable con el hecho de estar parados frente a tanta historia. Particularmente nos interesaba conocer la cúpula de la Capilla Sixtina.

Ansiosos por verla, comenzamos a caminar. Nos dijeron que la mejor vista sería desde arriba de la cúpula. Era algo que no podíamos dejar de ver, según todas las recomendaciones.

Para llegar allí debíamos subir unas escaleras. Sin pensarlo demasiado, comenzamos a subir. Luego de algunos escalones... de varios escalones... nos dimos cuenta de que todavía faltaba mucho por recorrer. Pero no sabíamos cuánto. La escalera era empinada, pero también era estilo caracol. Tenía un dos por uno en sensación de vértigo y mareo. No hacía falta elegir uno de los dos.

Yo iba a la cabeza de un grupo grande de personas. Otro grupo iba un poco más adelante. Detrás de mí venían mi esposo y mi hija, Abi, y bastante más atrás, el resto del grupo. Cuando comenzamos el recorrido, había visto delante de mí el grupo anterior. Pero ya no lo veía. No había ninguna ventana, ninguna puerta, ni ningún indicio de cuántos escalones quedaban por recorrer.

Yo sabía que en algún momento tenía que terminar. Pero ahora tengo que reconocer que llegué a pensar que no lo lograría. Cuando me di vuelta para buscar apoyo y ánimo, y probablemente hacer la declaración de "hasta aquí llegué, me voy de aquí", me di cuenta de que la escalera era tan angosta que sería bastante complicado bajar al mismo tiempo que otros estaban subiendo. Inmediatamente vi a mi esposo y a mi hija que tenían unos abrigos enormes, excelentes para estar al aire libre en el invierno europeo, pero demasiado incómodos para estar subiendo esa interminable escalinata. Al ver sus caras, me di cuenta de que el agotamiento y la falta de aire los había alcanzado. Como yo no llevaba abrigo, corría con alguna ventaja. Y fue en ese momento que mis pensamientos rápidamente cambiaron.

Al enfocarme en la necesidad de ellos y quitar el foco de mí misma, de alguna manera me di cuenta de que podía. Cuando no ves el final del túnel, lo peor que puedes hacer es concentrarte en ti mismo. Ayudar a otros te dará la fuerza, la esperanza y te ayudará a cambiar la mirada, para que veas que la luz al final del túnel no estaba afuera, sino dentro de ti.

La fuerza mental es elegir los pensamientos y elegir las interpretaciones. ¿Qué enfoque le vas a dar a cada cosa que estás mirando? Es saber alimentar la mirada de posibilidad y saber rechazar las palabras que susurran derrota a tu oído.

Tú tienes el poder de dejar que tus pensamientos te abrumen o de generar la fuerza necesaria para salir adelante.

REFLEXIÓN

El mismo fracaso que te dejó tirado en el suelo quiere seguir siendo protagonista en tu vida. Sin embargo, el fracaso vive en tu desánimo, en tu destrucción y en tus pensamientos negativos. Ahora es el momento de ponerte en pie.

Levantarte del suelo requiere elección, determinación y fuerza. Cuando tu alrededor te diga que ya lo intentaste y no te salió bien, que ya perdiste tu oportunidad, que no hay esperanza, debes soltar el fracaso.

No luches contra él, ni trates de esconderlo. Simplemente continúa con convicción, porque el fracaso no te puede acompañar a donde tú quieres ir. No es una vergüenza fracasar, pero es una vergüenza nunca haber intentado. El fracaso puede convertirse en un aliado si escuchas el aprendizaje que tiene escrito entre sus líneas.

Te invito a que no desaproveches la oportunidad de elegir levantarte; de comprometerte a ir por un futuro poderoso. Considera aquellas cosas en tu vida que deben ser demolidas, dejadas atrás, olvidadas completamente. Hoy puedes empezar de nuevo.

Recuerda que lo importante hoy no es terminar la carrera, sino dar el primer paso; avanzando poco a poco hasta lograrlo.

Los fracasos que ocurren no siempre son tu culpa, pero siempre son producto de tus acciones. Es ahí donde tenemos que diferenciar culpa y cargo (de "hacerme cargo"). Porque son mis decisiones, mis elecciones, las que me llevan donde estoy.

Tengo que aprender a hacerme cargo. Yo puedo hacerme cargo de que, por ejemplo, yo no supervisé lo que ocurre; o puedo reconocer con pesar que esto no puede ser, que nunca me fijo en nada, que nunca reviso las cosas, que no hago lo que tengo que hacer. Esa es una modalidad. La otra es: "Debí haber revisado. Punto". Me hago cargo, pero no me condeno.

En una mis emociones me destruyen; en la otra, me empoderan. Entonces yo tengo que ver qué estoy buscando, qué busco de este –llamémosle– fracaso.

CONVIÉRTETE EN UN ÉXITO ¡FRACASANDO!

La historia que sigue es la de un joven con muy pocas posibilidades, originario de un país comunista y sin recursos.

Jan Koum es cofundador de WhatsApp. Llegó a los Estados Unidos cuando era solo un adolescente, habiendo tenido que emigrar de Ucrania. A sus dieciséis años llegó con su madre y su abuela casi sin saber inglés, y dependiendo de la ayuda del gobierno para subsistir. Jan se ganaba la vida limpiando pisos en una tienda de comida.

Iba diariamente junto a su madre al comedor social en busca de ayuda. A los dieciocho años comenzó a estudiar programación con manuales de segunda mano. Logró ingresar a la Universidad de San José y comenzó a trabajar en Yahoo, donde conoció a Brian Acton, con quien más tarde fundó WhatsApp.

En el año 2007, después de una década tecnológica, ambos abandonaron Yahoo y presentaron sus hojas de vida en diferentes compañías; fueron rechazados por Facebook para trabajar allí.

Inauguraron WhatsApp en el 2009. Sin embargo, meses después de su lanzamiento, WhatsApp no despegaba y Jan veía peligrar su continuidad. Algunas inversiones sirvieron para mantener la aplicación en funcionamiento hasta que, en el 2011, el fondo de capital Sequoia invirtió 8 millones de dólares en WhatsApp. En ese momento WhatsApp despegó y creció hasta convertirse en la aplicación de mensajería móvil líder del mercado actual.

En una entrevista a la revista *Wired*, Jan declaraba la opresión que vivieron amigos y familiares en Ucrania "solo por contar anécdotas de líderes comunistas". Eso mismo les llevó a desechar la idea de una aplicación destinada a "vigilar" a sus usuarios, en favor de una destinada a la comunicación libre y simple, una de las razones que, precisamente, más éxito le ha reportado y que fue determinante en el acuerdo de compra firmado con Facebook.

Koum firmó dicho acuerdo de venta por 16 000 millones de dólares. Se estima que Jan Koum hoy tiene un capital estimado de más de siete mil millones de dólares.

Esta historia con final feliz comienza con todas las carencias, se desarrolla con esfuerzo y pasó por los cedazos del fracaso: aprender y sostenerse para cosechar el fruto de la perseverancia y el trabajo. Estoy segura de que es algo que todos podemos hacer. ¿Sabes por qué? Porque todos fracasamos en algún momento.

Las cosas no siempre salen como queremos, ya sea porque cometimos un error, porque nos engañaron, porque las cosas no se dan, porque se cae la economía. Podría haber tantas razones como situaciones.

Hay factores externos o factores internos, variables o constantes más allá de mí, o variables dentro de mí. Pero siempre está la posibilidad de fracasar. De hecho, siempre habrá un fracaso. La buena noticia es que mientras hay un fracaso en algo, hay un éxito en otro algo.

Para mencionar algunos casos de los más conocidos, tenemos el de Walt Disney, quien comenzó su carrera a los 18 años de edad como dibujante y fue rechazado en varios periódicos por falta de ideas, lo que lo llevó a abrir su propia compañía, que en más de dos ocasiones quebró y tuvo que cerrar. Pero nunca renunció a sus sueños, y aprendiendo de cada fracaso logró el éxito. Él perseveró en el sueño y tuvo la flexibilidad a la hora de cambiar aquellas cosas que fueron necesarias para alcanzar el objetivo.

Otro caso podría ser el del genial Leonardo Da Vinci. Era hijo ilegítimo de un hombre de buena posición y una mujer campesina. No tuvo estudios formales, era disléxico y bipolar. Claramente no tenía todos los recursos a su favor, pero su curiosidad, convicción y determinación lo llevaron a hacer las más grandes obras de arte reconocidas mundialmente. Desde pequeño entendió que el fracaso era el destino puesto delante para alcanzar lo que quería. Era el entrenamiento necesario para superar la barrera que impide alcanzar el éxito.

Fracasó en Florencia, en Milán, en Venecia, nuevamente en Florencia, y finalmente tuvo éxito en Roma, siendo su obra de arte "La última cena" un éxito que podemos admirar hasta el día de hoy.

O el caso de Wilma Rudolf, la vigésima de veintiún hermanos de una familia pobre afroamericana. Desde pequeña sufrió severos problemas de salud. Un ataque de poliomielitis le dejó como secuela una pierna paralizada; su pronóstico seguro era la silla de ruedas. Pero la pasión por el deporte se convirtió en el desafío. Su tesón la llevó a superarse hasta que descubrió su más profunda pasión en el atletismo. En 1961 se destacó por su velocidad, convirtiéndose en la mujer más veloz del mundo. Fue ganadora de tres medallas de oro. Luego de su retiro como deportista, continuó sus estudios y se convirtió en un referente de la juventud en contra de la segregación racial.

El fracaso nos enseña, nos hace más sabios, más fuertes y más resistentes.

Esto fue así con las personas que te mencioné anteriormente, pero no siempre será así, a menos que tú lo elijas. Porque la experiencia de la vida no nos prepara de manera automática para ser exitosos. No es que simplemente pasa.

La experiencia de la vida la tenemos que procesar, y elegir aprender. El aprendizaje que vamos a tener en la vida tiene que ver con cada uno. ¿Sabes por qué? Porque es tu vida, es mi vida. Y en mi vida yo elijo. Elijo reclamar; elijo no ser una víctima; y elijo que, aunque alguna vez me encuentre tirada en el piso, ese no es mi destino.

Voy a luchar, voy a encontrar la salida, sabiendo que la voy a ganar y me voy a fortalecer, porque no me importa cuántos fracasos yo voy a enfrentar. Me importa quién voy a ser en el proceso. Según quien seas, será tu respuesta a lo que se te presente.

Si te han rechazado, o te fue mal como a Disney, no abandones tu sueño; persevera, esfuérzate, apasiónate.

Si no has nacido en el mejor contexto, como Leonardo, y crees que la fortuna no te ha acompañado, porque te tocó vencer algunos obstáculos, estás en lo cierto: has tenido obstáculos, pero sí eres afortunado. Date cuenta de que llevas ventaja. Mientras a algunos les cuesta encontrar y conocer para qué se tienen que preparar, cuando llegue la dificultad tú estarás listo.

Si estás limitado por la condición física, busca la manera de salir adelante, como lo hizo Wilma. No conozco tu situación, pero sé que puedes convertirla en un desafío para tener el mayor de tus éxitos.

Si la vida te da limones, pártelos por la mitad, haz limonada y véndela o regálala, o disfrútala fresca en un día caluroso. Ahora toma las semillas y siémbralas, y construye tu imperio de limones.

La respuesta nunca va a estar en lo que te pase, sino en cómo te relacionas con lo que te pase, cómo nos relacionamos con las cosas que nos pasan, cómo nos relacionamos con el fracaso, cómo nos relacionamos en la vida con todas las cosas que suceden a nuestro alrededor.

Piensa:

¿Qué tanta importancia le das a las opiniones de los demás?

¿Cuánto crees que pesa la mirada de aprobación de otras personas?

¿Crees que este fracaso es tu destino o parte del camino?

PREGUNTAS PARA REFLEXIONAR Y TRABAJAR

Foco

¿Dónde está tu mirada una vez que ya identificaste el fracaso y lo que lo produjo?

Responsabilidad

¿Puedes reconocer alguna cosa que tú has hecho al respecto, que, si no la hubieras hecho, este fracaso no existiría?

Aceptación

¿Crees que estás en condiciones de hacer un nuevo diseño para alcanzar lo que estás anhelando?

Compromiso

¿Cuáles son las acciones que sostienen tu declaración de compromiso?

Aprendizaje

¿Qué ves ahora que no veías antes?

Sentido

¿Para qué estás hoy enfrentando este fracaso?

Oportunidad

¿Qué puedes construir con los ladrillos de demolición?

4

APRENDE DEL FRACASO

"Si tienes futuro, del fracaso se aprende. Si no tienes futuro, el fracaso te aplasta."

Cuando conoces la historia de los soldados americanos que estuvieron en campos de concentración japoneses en el Pacífico durante la Segunda Guerra Mundial, notas una similitud muy interesante entre los sobrevivientes. Aunque todos fueron apresados, todos estaban cautivos, solo algunos pudieron regresar. Pero los que regresaron fueron aquellos que pudieron, en medio de la adversidad, poner en palabras lo que harían cuando volvieran a su casa. Pensaban y hablaban cosas como con quién se casarían, el negocio que iban a iniciar, la casa que construirían.

Todos los que pudieron salir de un momento de fracaso son personas que pueden hablar del futuro, aun en las peores circunstancias. Para contrarrestar los efectos del fracaso, no nos puede faltar una clave fundamental: expandir nuestra capacidad de diseñar futuro.

CUATRO PASOS PARA EL DISEÑO DE UN FUTURO EXITOSO

1. Diseña el futuro que quieres vivir. Sé intencional acerca de tu futuro. No esperes simplemente que el tiempo pase o que las cosas "se den". Tómate el tiempo para soñar, pensar y preguntarte: Si tuvieras asegurado el éxito, y todo lo que hicieras te saliera bien, ¿dónde estarías en un año? Tu diseño requiere detalle, pasión y foco.

2. Hazlo con compromiso. Recuerda que el compromiso es una declaración en el lenguaje que sostengo con acciones. No depende de las circunstancias, sino de tu determinación a hacer que las cosas sucedan, y como toda declaración, vive en el lenguaje.

Lo que no está en el lenguaje no existe. Siempre conoceremos los compromisos de una persona por las cosas que diga y aquello que se encuentre en su lenguaje de manera constante. Por lo tanto, haz las declaraciones de tu futuro exitoso y actúa conforme a ello.

3. Asegúrate de que tu Visión esté alineada a tu Misión. Aunque vivimos en un mundo de constantes cambios, tu huella dactilar no ha cambiado, y de la misma manera sucede con tu misión, que es tu propósito y siempre sigue intacto para que tú lo lleves a cabo.

Cuando vas por la vida conociendo tu propósito y buscando llevarlo a cabo, entiendes que muchos de los fracasos que vives o viviste solamente fueron un favor que te hizo la vida para quitarte obstáculos del camino.

4. Respeta los tiempos de cada cosa, de cada proceso. Es muy alto el porcentaje de las cosas que fracasan porque

queremos que sucedan en el momento incorrecto. Recuerda que una buena idea en un mal tiempo es mala idea.

Ante el fracaso, lo más importante siempre será reconocer y elegir quién estás siendo tú. Es ahí donde tu viaje por los fracasos de tu vida comienza a tener un sentido diferente. Ya no será un tiempo de sufrimiento, sino de aprendizaje; de poder mirar cada situación vivida con valentía y sin temor... que dejes de sentirte amenazado por lo que viene, o la posibilidad de volver a fracasar.

Una buena idea en un mal tiempo es mala idea.

CAPITALIZA TUS ERRORES

Decide salir de la frustración. Es bueno ver el significado de las palabras. Frustración significa imposibilidad de satisfacer una necesidad o un deseo; sentimiento de tristeza, decepción y desilusión que esta imposibilidad provoca.

De seguro todo esto es lo que sientes mientras estás frustrado: esa decepción, eso que no salió como esperabas, el estrellarte de manera súbita cuando tú pensabas que estabas por tomar vuelo, o peor... estás frustrado por lo que otros hicieron o la manera en que te dieron vuelta a la cara.

Es feo estar en esa situación, pero aún peor es cuando decides quedarte allí. El cuerpo está diseñado para generar opiniones automáticas. Muchas de ellas te llevarán a la historia o a la comodidad. Algunas solo son explicaciones. Es la manera que el cuerpo tiene diseñado para buscar sanarse. Pero hay algo más grande y es que puedas elegir por ti mismo... que no le hagas caso a todos esos sentimientos decepcionantes y de tristeza, y que salgas inmediatamente de allí.

¡Corre! La frustración busca darte explicaciones y justificaciones para que te quedes y que el fracaso se convierta en un estilo de vida. Corre ahora. No permitas que la desazón se convierta en lenguaje. ¡Sal!

Esto es una decisión más allá de lo que sientas. Seguro que estás triste. ¡Y muy frustrado! Cuanto más tiempo te quedes allí, resultará inversamente proporcional a la cantidad de posibilidades de que el éxito aparezca. Debes salir ya mismo de la frustración. ¡Sin dudarlo! Y comenzar a construir tu nuevo futuro. Es cuestión de colocarte en la actitud correcta.

Siempre es tu elección. Recuerda que tus pensamientos te pertenecen y están dentro de una mente que también te pertenece, aunque no todos los pensamientos que vienen a tu mente son tuyos de comienzo; no todos nacieron de ti. Algunos solo vinieron de afuera como una oferta que nos alcanza. Y como es el caso de todas las ofertas, dependen de que yo las acepte. Lo bueno es que siempre soy yo quien toma la decisión de tomarlas o dejarlas ir. Así que nuevamente está en tus manos; solo tú puedes decidir y elegir. ¿Lo ves?

A partir de hoy cada uno de esos errores te servirá para elevarte en tu vida. Así que, sé valiente.

Analiza la situación y busca las cosas que fallaron. Para esto te invito a hacer el ejercicio de separar tus emociones negativas hacia las cosas o personas. No culpes a nadie.

Generalmente no somos conscientes del proceso de pensamiento que llevamos a cabo. Este es un camino de inferencias que ocurre internamente, nos resulta transparente, pero desemboca en decisiones que tomamos, reacciones y acciones que, por supuesto, luego afectarán nuestro futuro.

El reconocido psicólogo Chris Argyris detalló este proceso de pensamiento y lo llamó "Escalera de inferencia", que te describo a continuación.

1. **Datos de la realidad.** Se observa un hecho de la realidad.

2. Del cuadro que vemos, **seleccionamos datos.**

3. Luego les damos un sentido **articulando estos datos.**

4. **Hacemos una conclusión** interpretando según las creencias y los modelos mentales.

5. Llegamos a una **propuesta.**

6. **Tomamos acción.**

Nuestras conclusiones se infieren de las observaciones basadas en nuestros juicios previos y opiniones formadas de algo, alguien o algún proceso.

Se van generando emociones que determinan cuáles serán los datos seleccionados para emitir un juicio y realizar una acción. Tomar decisiones cuando se siente una emoción o un sentimiento determinado puede provocar errores en el juicio y la valoración. Esto lleva a confusiones, malos entendidos, discusiones, tomas erróneas de decisiones, y, en muchos casos, directamente al fracaso; en conclusión, generalmente una peor relación con las personas y las circunstancias de la vida.

Por eso es muy importante tener en cuenta que nuestras creencias afectarán los datos que seleccionamos y así volverá a suceder. Por eso es que, si tu conclusión inicial fuera errónea, aun cuando esté basada en hechos comprobables, tu modelo de pensamiento podría ser erróneo y las conclusiones, por lo tanto, también lo serán.

Para mejorar la toma de decisiones, es posible ser conscientes de cada paso del modelo de la Escalera de inferencias. Quizá parezca una tarea ardua, pero realizando ejercicios de entrenamiento es viable lograr mejorar la comunicación, la interpretación y las emociones. Recuerda que una inferencia no es la realidad, sino supuestos del pensamiento a los que se les da valor de realidad.

Es por esto mismo que tenemos que aprender a ser conscientes de estos pasos internos y no apresurarnos tanto en las conclusiones que hacemos, que nos disparan emociones que influyen o determinan las decisiones que tomamos.

Te animo a hacer el ejercicio, tomando una situación donde hayas fracasado, y apuntes cada etapa. Toma cada escalón y escribe qué hubo en cada una. Luego pregúntate:

¿Qué cosa debería haber tenido en cuenta y no tuve?

Si hubiera tenido más información, ¿hubiera tomado la misma decisión?

¿Cómo te sentirías si supieras que saldrás victorioso de la situación?

Esto te permitirá analizar la situación y a ti mismo para detectar dónde se encuentran la raíz y los elementos que te llevaron al fracaso.

Una de las cosas que puede producirte el hecho de fallar reiteradamente en algo especialmente es la frustración, que mayormente —y como parece lógico— afectará tu estado de ánimo. A esta situación en la que fracaso una y otra vez, o no tengo los logros que quiero, la llamamos recurrencia.

Todas las personas tenemos "recurrencias", ya que nuestra conducta diaria está formada por hábitos, patrones mentales, paradigmas que nos inclinan a hacer las cosas de una manera en particular, y esto traerá los resultados o las consecuencias recurrentes.

Según el filósofo alemán Martin Heidegger, el ochenta por ciento de nuestra vida ocurre en automático. Por lo tanto, naturalmente no somos "conscientes" todo el tiempo de lo que hacemos. Aunque sabemos que estamos haciendo una determinada cosa, no fuimos totalmente conscientes en el proceso de hacerla, de cada paso que requirió llegar a esa acción. Muchos de los pasos que dimos quedaron en un área que se nos vuelve transparentes.

Es en las áreas de transparencia donde se encuentra la cuna se nuestras recurrencias.

Las cosas que hacemos una y otra vez, las continuamos repitiendo, aunque ahora no sabemos para qué. Aunque alguna vez tuvimos motivos para actuar de ese modo, si las concientizaras verías que no solo son innecesarias, sino también en muchos casos nocivas.

Evalúa si tus metas u objetivos eran realistas. La tendencia humana es a cargar sobre otros o sobre las circunstancias todo aquello que no sale bien, y poner en uno mismo todo lo que resultó exitoso. Necesitas de máxima honestidad y no permitir que el ego te juegue en contra, porque se requiere valor para mirar de frente tus errores y tus fracasos, y primero reconocer que son los propios, y entender y aceptar que son producto de tus decisiones y elecciones, que a su misma vez pueden venir de tu historia y tu modelo mental con el que te desarrollaste. Separa aquellas cosas que estaban en tus manos y dependieron de ti. Separa todo aquello que puedes cambiar, de las cosas sobre las cuales no tienes dominio o control. Toma nota de ellas.

Sé intencional en ver lo que puedes sacar de la situación. No te quedes en la superficie de las cosas, porque no todo es lo que parece, y muchas veces juzgamos demasiado rápido. Ten en cuenta que el cerebro siempre da una explicación a todo lo que ocurre, ya que no puede mantenerse en la ambigüedad continuamente. Estas explicaciones se basan en modelos mentales que se van formando a lo largo de la vida y son estrategias evolutivas de supervivencia.

Procura darle menos poder a las interpretaciones iniciales propias y preguntar más a los demás. Deja de lado por un momento tus interpretaciones para buscar otras miradas. Te resultará muy útil y eficaz para entender mejor y comprender el entorno.

Nuestra mente tiene la capacidad y la tendencia a sustraer, añadir o cambiar algunas cosas que observamos, para adaptarlas a nuestros paradigmas internos. Dicho de otro modo, muchas veces le cambia la forma a la realidad que estamos observando. También sucede que caemos en el error por no conocer, saber o entender algo en particular. Pregunta, asesórate, busca el consejo, el conocimiento y la experiencia de los que ya han recorrido este camino.

Nos hace falta aprender, entonces tenemos que saber de qué se trata el aprendizaje. La buena noticia es que toda vez que fracasamos hay una posibilidad de obtener aprendizaje. Claro que la posibilidad es solo eso: una posibilidad. Te abre un espacio, pero estará en ti tomarlo o no. De modo que no siempre que fracasamos aprovechamos la posibilidad del aprendizaje. O sea, no siempre aprendemos.

Pero ¿qué es el aprendizaje? Según el diccionario, es la adquisición del conocimiento de algo por medio del estudio, el ejercicio o la experiencia, en especial de los conocimientos necesarios para aprender algún arte u oficio. Esto es lo que dice la definición general de lo que es el aprendizaje.

Sin embargo, haciendo una recopilación de las diferentes líneas del aprendizaje, nosotros podemos concluir que aprendemos cuando ampliamos nuestra capacidad de acción efectiva.

Elige tu actitud, ya que de tu actitud dependerá cuánto tiempo tardes en salir del fracaso.

Las condiciones favorables colaboran enormemente con la facilidad de incorporar conocimiento. Sin embargo, no necesito condiciones favorables para que se produzca el aprendizaje, porque esta es mi prerrogativa.

Yo elijo aprender en medio de la adversidad. Esos son los momentos de doble beneficio, porque además de recibir aprendizaje, gano fortaleza. Por lo tanto, aprender del fracaso será siempre tu mejor elección.

Permite que el fracaso sea tu maestro, pero nunca tu dueño.

Convierte el fracaso en un capital que te dará intereses de por vida.

PREGUNTAS PARA REFLEXIONAR Y TRABAJAR

Foco

¿Qué es aquello de lo que te pasó que te expandirá?

¿Dónde debes poner tu foco para sacarle aprendizaje en esta etapa de tu vida?

Responsabilidad

¿De qué me haré cargo?

¿Qué es aquello que debo aprender para ver las habilidades que tengo para responder?

Aceptación

¿En dónde me estoy resignando y debo aceptar?

¿En dónde estoy resistiendo y debo aceptar?

¿Cuándo y cómo empezaré a sacar la mirada de pasado y a poner la de futuro?

Compromiso

¿Qué declaraciones debo hacer para entrar en espacios de aprendizaje?

¿Qué es lo que debo aprender?

Aprendizaje

¿En qué parte debo tener una mayor capacidad de acción efectiva?

¿Mis fracasos me enseñan en qué área debo trabajar mis debilidades?

Sentido

Luego de pasar por allí, ¿Qué es lo que más me importa?

¿Qué debo valorar de la vida?

Oportunidad

¿Cuál es la nueva oportunidad que veo o que me gustaría ver?

REFLEXIÓN

De la misma manera que uno gana confianza en la acción, el temor se incuba y crece en la inacción. Toma acción. No olvides que la mejor cura para la herida del fracaso es generar el próximo éxito con lo que aprendiste. No te paralices. No le permitas al temor crecer en ti.

Otras preguntas que debes hacerte a ti mismo:

¿Qué es lo que aprendí de esta situación?

¿Qué estoy dispuesto a soltar para tomar algo nuevo?

¿He tenido una expansión en esta área?

¿Cómo puedo generar que esta situación me ayude a tener más capacidad para accionar efectivamente?

¿Qué acciones vas a tomar donde se vea que has aprendido?

¿Cómo puedes ayudar a otros a que no pasen por lo mismo?

Cuéntanos tu fracaso desde tu éxito futuro.

5

FRACASAR UN MINUTO A LA VEZ

*"Si no sueltas tu 'yo' del pasado,
no le puedes dar lugar al 'yo' del futuro".*

En METODOCC, la organización que lidero junto con mi esposo, nos encontramos diariamente con líderes que buscan ir hacia nuevos lugares o tener nuevos resultados, pero uno de sus problemas más grandes es su fracaso constante con el tiempo.

Cuando me toca trabajar esto en sesiones de coaching, pienso en mis propios fracasos en cuanto al manejo del tiempo y mi manera de gestionarlos.

En un mundo estático y lento, como era el siglo pasado, la manera en que las personas se relacionaban con el tiempo pasaba desapercibida. Por lo menos eso parecía porque, igual que ahora, las opciones eran llegar temprano o tarde. La diferencia es que ahora somos bombardeados todo el tiempo por nuestros propios dispositivos y las redes sociales. Hoy llevamos la oficina a cuestas.

Los tiempos corren demasiado rápido. Cuando te envían una información, se espera una respuesta inmediata. Antes redactabas la carta, la llevabas al correo y esperabas. Hoy en día, uno siente la presión y la necesidad de reaccionar inmediatamente. Te escriben por mensaje de texto, por email, por WhatsApp, por Instagram, por Facebook y todas las otras aplicaciones que tienes en tu teléfono. Y algunos osados hasta te llaman por teléfono para decirte que te enviaron un mensaje.

Con este modelo moderno de información constante y cultura microondas, se distingue muy bien quiénes son los que se diluyen y pierden en medio de citas y quehaceres, y quiénes pueden enfocarse y llegar a feliz término.

¿Te pasa? A mí, ¡a cada rato!

Todos los días, veo personas que, igual que yo, a las 8 de la mañana ya están fracasando en 10 tareas de 20 por la manera en que se han relacionado con el tiempo.

Déjame primero hacer un poco de historia.

En METODOCC enseñamos que en estos tiempos ya no nos relacionamos con un tiempo por tarea. Vemos a muchos fracasar solamente por tener un manejo del tiempo que no les alcanza. Por ejemplo, yo fracaso muy a menudo en controlar el tiempo.

Muchas veces me podrán encontrar buscando mi reloj inteligente que posiblemente se esté cargando en algún enchufe de la casa. Sin reloj frente a mis ojos, suelo dejarme llevar por la tarea en cuestión. Lo buenísimo, me enfoco completamente en lo que estoy haciendo. Lo malísimo es que me olvido de todo el resto, por más importante que sea.

SÉ FLEXIBLE

No dejes para mañana lo que puedas hacer hoy.

Siempre puedes hacer un esfuerzo más.

Camina la milla extra.

Persevera y triunfarás.

Estas palabras de motivación y muchas más iban a la cabecera de lo que cada día recibía en casa. Me decía mi padre: "La mente del hombre es el arma más poderosa que existe". Y cuánta razón tenía.

El problema es que cada vez más, a medida que el tiempo pasaba, iba fortaleciendo estas cosas como normas de vida, reglas del bien hacer, y casi sin darme cuenta fui dejando mi flexibilidad de lado para ajustarme a responder: "Siempre puedes hacer un esfuerzo más".

Claro que ese ímpetu y persistencia me llevaron a lograr muchísimas cosas: muchas para mi familia, muchas otras para otros, y muchas para mí también.

Tuve individualmente, junto a mi esposo, y también como familia, grandísimos logros. Entre las cosas que siempre se me ha reconocido es la disposición, mi perseverancia para hacer las cosas y mi ánimo renovado para lograr. No me gusta dejar nada inconcluso. Cuando todos se van a dormir yo encuentro algo para terminar. Siempre soy quien apaga la luz.

Resulta que yo creo que las cosas tienen una solución, una respuesta, y mi desafío es encontrarla. Si escuchas hablar de una Laura que abandonó, esa no soy yo.

Teníamos una vida llena de logros y resultados. Habíamos alcanzado casi todo lo que nos habíamos propuesto hasta el momento. Estos patrones de pensamiento llegaron a convertirme en una persona testaruda, rígida, y muchas veces necia.

Tenía que lograr todo lo que estuviera delante de mí, no importaba si la vida me estaba dando señales de que estaba jugando un juego equivocado, o que había errado en elegir mi batalla.

Esto consumió muchísimas energías de mi parte, recursos y tiempo. Comencé a estar agotada y no estaba disfrutando de la paz y plenitud que producen los verdaderos logros.

Una vez más pude ver que estaba teniendo resultados, pero no estaba alcanzando para sentirme completa.

Cuando fui capaz de observarlo, pude darme cuenta de lo que me estaba faltando.

Tuve que aprender a ser flexible, pues estaba acostumbrada a ser tan firme y disciplinada para hacer y tener resultado, que cuando salía mal o no encajaba, insistía, sin poder aceptar que ese fracaso me quería llevar a mi verdadero destino.

Con mi esposo escribimos el libro que titulamos *Logra lo extraordinario*, que es un manual que tiene herramientas de coaching, y otras técnicas que hemos desarrollado para ayudar a otros a lograr más. Te lo recomiendo para que puedas ponerles herramientas a tus desafíos. Verás que te ayudará a ir más allá en la realización de tus sueños.

Muchas veces tenemos que reconocer que necesitamos cambiar para llegar a ser la persona que queremos ser y vivir el futuro que queremos vivir. Pero increíblemente, y sin darnos cuenta, nos esforzamos por defender quiénes somos, en lugar de soltarlo para alcanzar el cambio hacia quién queremos ser realmente.

Yo insistía en seguir haciendo las cosas de una manera, en ser la persona de resultados constantes, y no me daba cuenta de que eso me alejaba de ser la persona que quería vivir disfrutando sus logros en plenitud.

Si no sueltas tu "yo" del pasado, no le puedes dar lugar al "yo" del futuro.

Es el momento de dejar ir aquellas cosas que no te están ayudando; tiempo de empezar a tener una mirada diferente, más poderosa, y de empezar a cambiar los paradigmas. Ya no te preguntes ¿por qué? Pregúntate ¿para qué? Preguntarte por qué solo te llevará hacia atrás. No necesitas explicaciones del pasado. Dale un sentido que te mueva hacia adelante.

¿Para qué estoy viviendo lo que estoy viviendo? ¿Cómo salgo adelante? ¿Cómo resuelvo esto?

Pregúntate si te sirve o no te sirve. Es fácil enfocarte en lo que no funciona y en tus fracasos. Claro que son parte de tu pasado y eso no lo podemos cambiar. Pero las cosas buenas, aquellas que resultaron bien, también lo son.

La cuestión es que si mantienes tu foco en el fracaso que te ocurrió, no solo será parte de tu pasado, sino que seguirá siendo parte de tu presente, y tomará protagonismo en tu vida.

AMOR

Hace tiempo escuché a un pastor, a quien amaba mucho, que solía decir: "Si no quieres fracasar, ama, porque el amor nunca fracasa". No importa cómo veas la situación, el amor nunca fracasa. Así que, si te parece que estás fracasando, vuelve a amar, comprométete al amor.

El amor siempre tiene un efecto en las personas y aun en las cosas. El amor es una energía que reconvierte las cosas, y muchas veces contra todos los pronósticos.

El amor es dar, y es una decisión que tomo independientemente de los demás. Cuando amas a otros, los ayudarás a salir del fracaso, aunque no hagas nada más. Y cuando te amas a ti, te permitirás salir adelante.

SOBREPONERTE AL FRACASO, ¡SE PUEDE!

Todas las situaciones son diferentes, pero lo que es común en todas las situaciones en la que fracasamos es ese sabor amargo que nos deja ese momento.

Hay varios factores y elementos que participan en la situación del fracaso. Tenemos aquellas cosas que suceden afuera de nosotros con las que no tuvimos nada que ver, y esas cosas fuera de nosotros con las que tuvimos todo que ver.

Por el otro lado están aquellas cosas dentro de nosotros, y aquí ya no es tan importante lo que sucedió, o lo que hice. Ni siquiera cómo lo hice. Aquí lo más importante es quién fui cuando hice lo que hice, quién soy mientras hago lo que hago, y en quién me puedo convertir al hacer lo que voy a hacer.

Cuando fracasamos, nuestra autoestima es afectada, surge la consideración de aquello que los demás pensarán de nosotros. Hay sufrimiento y vergüenza. Nuestro ego se irrita. Probablemente todos sentimos eso en algún momento a la hora de fracasar.

Si por un momento puedes dejar de lado tus fracasos y pensar con la cabeza, y no con tus sentimientos, entenderás que lo que los demás piensen no te pertenece. Por lo tanto, no tienes que preocuparte por aquellas cosas, pues no están en tus manos. Entonces, con valentía y sin perder un segundo, comenzarás a ver qué es lo que puedes aprender de la situación, qué te faltó, qué no hiciste que debiste haber hecho, qué te sobró. ¿Hubo algo que hiciste y no debiste hacer?

LA COHERENCIA PERSONAL TE AYUDARÍA A GANAR CONFIANZA

La mayor parte de nosotros alguna vez hizo una dieta o un ayuno, por la razón que sea. Unos amigos me mandaron una vez una foto de un orangután panzón que decía: "Estoy haciendo la dieta de la fe: comiendo de todo y esperando el milagro". Yo hice la dieta, pero no me funcionó. No sé ustedes, pero a mí me encanta pensar que muchas veces estamos en esa situación. Queremos que algo suceda y esperamos el milagro.

Dios te dio manos. Te dio un pensamiento, te dio una manera de ser que tienes la responsabilidad de cuidar y transformar. Nacemos como una hoja en blanco, y es maravilloso cómo vamos creciendo. Pero en ese crecimiento también suceden muchas cosas que van moldeando nuestro ser para bien o para mal, muchas veces alejándolo de la idea original de Dios acerca del propósito de nuestra vida. Tienes que trabajar en eso. Cuando hacía la dieta de la fe tenía más fe, pero no bajaba de peso.

Para ilustrar esto, te contaré la siguiente historia.

En un momento de mi vida comencé a salir a caminar con una amiga colombiana muy querida. Salíamos a las seis de la mañana, comenzaba la primavera, el aire estaba bien fresco a esa hora, y parecía que las flores de azahar se despertaban soltando un aroma que te llegaba al alma. Así que disfrutábamos muchísimo de la tranquilidad del lugar, el aire perfumado directamente por Dios y los retoños en los árboles que se apresuraban a salir.

En ese momento en particular, ambas estábamos algo más que por encima del peso saludable y estéticamente adecuado. Caminábamos una hora a paso firme y enérgico. Volvíamos con las manos muy rojas, y hasta algo hinchadas de tanto esfuerzo, y dale que te dale corriendo y caminando con mi querida amiga.

Un buen día, regresando de nuestro acostumbrado circuito, llegamos a su casa, y mientras preparaba el café, sacó del refrigerador una enorme bandeja de fresas cubiertas con la más deliciosa crema que había yo probado. Entonces ella me dice muy sinceramente y con pesar: "Yo todo el tiempo le pido a Dios que me quite la gordura". Entonces tratando de cuidar el impulso de mi lógica le contesté: "Amiga querida, yo creo en un Dios poderoso, sin embargo, reconozco que a veces somos nuestro peor obstáculo para que ocurra lo que queremos o necesitamos que suceda. Espero que no te lo tomes mal, pero te acabas de comer una porción doble de fresas azucaradas con crema. Yo creo que lo que te deben quitar son las fresas con crema, porque si sigues comiendo así, está claro que no tendrás éxito en aquello que quieres alcanzar por mucho que lo pidas". Ella comenzó a reír casi avergonzada, pudiendo reconocer lo ridículo del planteamiento, y viendo que, si continuaba haciendo las mismas cosas, continuaría teniendo los mismos resultados.

Nuestros deseos no son suficientes para tener éxito en lo que queremos lograr. Nuestra fe no cambia nuestras acciones, pero nuestras acciones pueden apoyar nuestra fe.

Ahora, si tus acciones van en dirección contraria a tu fe, es ahí donde tienes que detenerte y buscar tu coherencia, alinearte y, entonces, volver a trabajar. También debes tener claro qué es aquello por lo cual estás dispuesto a esforzaste y a trabajar; aquello por lo que para ti vale la pena luchar.

Cuando alineamos nuestras acciones con las intenciones que declaramos, hacemos aquello que decimos que vamos a hacer, y ganamos confianza y respeto por nosotros mismos. Crecemos en nuestro carácter, y nuestra autoestima comienza a erguirse como cuando riegas una planta sedienta que fue castigada por el sol. Tu ser interior se fortalece y te empoderas.

Hay dos términos, dos palabras cuya definición quiero resaltar: la primera es aprender, porque decimos que debemos aprender de los fracasos. Entonces, ¿qué es exactamente el aprendizaje?

La segunda es la palabra poder, ya que constantemente hablamos de empoderarnos. Entonces, ¿qué es precisamente el poder?

Poder: capacidad de acción efectiva

Aprendizaje: ampliación de nuestra capacidad de acción efectiva

Comienza a ampliar tu capacidad de acción; no solamente la capacidad de acción, sino la capacidad de acción efectiva.

Hay una gran diferencia entre accionar y accionar efectivamente. Yo puedo accionar dando indicaciones. Supongamos que quisiera cambiar el orden de un salón para que quede alineado para una conferencia. Entonces vengo y acciono; saco las mesas, las pongo todas juntas para un costado, o las pongo una arriba de la otra con mucho esfuerzo, dando un efecto torre que no sirve para nada, pero queda lindo. Es una acción. Moví las mesas, pero, ¿fue efectivo? ¡No! No, porque el propósito era que quedara alineado para conferencia y eso no sucedió.

Supongamos que me encuentro en un salón con cien personas en Miami. Afuera hay una temperatura de 100 °F. Adentro disfrutamos de la frescura ideal que nos ofrece el aire acondicionado. De pronto se corta la luz y nos quedamos sin aire. Yo realmente quiero que todos estén bien. Entonces tomo acción en pos de su confort y bienestar. Busco un abanico gigante y los empiezo a abanicar por sectores. Estoy esforzándome, y dispuesta a sacrificarme por ellos. Y aunque mis fuerzas se agoten, no logro bajar la temperatura. Percibo una cierta incomodidad en la sala. No entiendo por qué me miran con esa cara de calor. ¡Estoy haciendo lo mejor que puedo! Creo que deberían agradecerme por mis acciones.

¿Cuántas veces reclamamos a otro que le estamos dando todo, que estamos haciendo tanto por él o ella? ¡Hago tanto por ti! Estoy tomando estas acciones y todo mi tiempo, mi energía, mi esfuerzo, mis recursos son para ti.

No hay duda de que estoy tomando acciones, pero estas acciones no son acciones poderosas. Movimiento no es igual a resultado. Si continúo haciendo las mismas cosas que no funcionan continuaré sin tener verdaderos resultados

Una de las cosas maravillosas con el fracaso es que me permite cambiar mi manera de mirar, y adoptar nuevas acciones. Si vivo tomando acciones, pero no logro resultados y encima me quejo de mis fracasos recurrentes, no estoy viendo lo poderoso que tengo entre manos.

Con esto no estoy queriendo desmerecer el esfuerzo. Por supuesto que hay circunstancias favorables que colaboran al éxito de una situación en un tiempo menor. Y hay situaciones, condiciones o recursos cuya ausencia dificulta o demora la posibilidad de alcanzar el éxito.

CELEBRAR

Los seres humanos tenemos una gran inclinación a quejarnos, reclamar, buscar responsables, echar culpas cuando las cosas no van bien. Pero cuando las cosas van bien, muchas veces nos encontramos con que no tenemos el hábito de celebrar. Es muy saludable celebrar.

Celebra los éxitos de tu vida.

Celebra las pequeñas cosas.

Celebra tu vida.

Celébrate a ti.

Celebra que llegaste hasta aquí con tus éxitos y tus fracasos, que te hicieron ser quien eres.

Celebra que tienes la posibilidad a partir de hoy de generar nuevos éxitos y de aprender de los fracasos.

Encuentra cada día algo para celebrar. Estoy segura de que no tendrás que inventar nada. Solo mira a tu alrededor. Yo me lo celebro todos los días porque ¡hay que celebrarse!

Lo que se celebra, se repite, así que, si quieres que algo se repita, celebra, aprende a celebrar la vida.

Con mi esposo celebramos la vida todos los días, porque queremos que se repita cada día.

Nosotros levantamos nuestras copas figurativamente, dándole gracias a Dios y celebrando nuestra vida, y la celebramos de distintas maneras. La celebramos estando juntos, la celebramos yendo a la playa, la celebramos tomándonos un tiempo para leer y no hablar.

La celebramos, la celebramos, la celebramos.

Tenemos que aprender a celebrar, a disfrutar de lo que hacemos, de lo que vivimos.

**Disfrutar te da la perspectiva correcta.
El verdadero fracaso estará en que no disfrutes.**

Si no disfrutas lo que hiciste, entonces fracasaste. Pero si eres capaz de disfrutar lo que hiciste, aunque no te haya salido bien, tienes la gran posibilidad de aprender. Y cuando aprendes, creces. Te vuelves capaz de ver cosas que antes no veías, y de ampliar tu capacidad de acción y de ahí, dar el siguiente paso.

Hagamos acciones efectivas, empoderemos nuestras vidas, que nuestras acciones no sean simplemente movimiento.

Proponte y determínate a disfrutar el día a día, cada desafío y cada momento. Pasamos los minutos de las horas y las horas del día, los días de la semana, las semanas del mes y los meses del año corriendo, apurados para lograr estar a tono con los tiempos que vivimos, buscando alcanzar nuevos resultados. Por ejemplo, trabajamos duro y sin descanso para conseguir un trabajo. Una vez que lo conseguimos, comenzamos a trabajar duro y sin descanso para lograr un ascenso, o para mantener el trabajo porque la competencia es amplia.

Trabajamos y nos esforzamos para lograr tener una casa propia. Una vez que la logramos trabajamos para ponerle lo mejor, los mejores muebles, mejores cortinas o hacer el mejor jardín. Cuando logramos que esté en las condiciones que queríamos, nos damos cuenta de que podemos acceder a una casa más grande si nos esforzamos un poco más. Claro, como es lógico, debo conseguir todas las cosas primero.

Esto me hace pensar en aquella frase que dice: Si no yo, ¿quién? Si no es ahora, ¿cuándo?

Siempre el motivo es hacer las cosas imparablemente. Solo que en algún momento de la carrera te das cuenta de que necesitas aire. Debemos inhalar el aire de la experiencia cuando buscamos alcanzar logros y resultados de nuestras vidas; sacarle provecho a lo vivido.

La razón por la cual puedes experimentar y eres consciente de las experiencias que estás pasando es porque estás vivo. Pero difícilmente nos detenemos a pensar en el privilegio y la bendición que supone el solo hecho de levantarnos un día más. De poder pensar y elegir. De enfrentar nuevos desafíos, de contar con el apoyo de alguien, o ir al trabajo porque lo tienes.

Tal vez hasta ahora el hecho de levantarte de la cama era tu primer motivo de queja, o la oportunidad de hacer elecciones te estresa. Vemos los desafíos como problemas. Te quejas de la persona que siempre te está preguntando cosas y se interesa por ti, sientes que lo quiere saber todo de ti, te quejas de tu horario de trabajo y de tu jefe, de tus compañeros de trabajo y de cómo te cansa ir al mismo lugar cada día.

Luego de ver este cuadro, comencé a pensar que ese dicho que mencioné antes para siempre tomar acción también aplicaba a mi capacidad de disfrutar.

Si no yo, ¿quién? Si no ahora, ¿cuándo lo haré? Eso me pone siempre en acción. Pero como sabemos que los extremos no son buenos, si vives en la acción no le das lugar a la reflexión. Y es en la reflexión donde viven las ideas y se diseña la vida.

Hay cosas que cualquiera puede hacer por ti y en lugar tuyo. Pero de seguro que disfrutar de la experiencia de la vida no es una de ellas. No estoy diciendo con esto que no vayas por más, o que no busques ir al siguiente peldaño de tu vida. Te estoy invitando a poner un equilibrio poderoso en el que, a medida que vas caminando, te vas fortaleciendo.

Cuando desarrollas la capacidad de disfrutar del camino, podrás andar descansado, porque cuando disfrutas observas con un sentido diferente, con propósito. Y cuando andas en tu propósito y con el sentido, tus fuerzas se recuperarán y el cansancio no tendrá dominio sobre tus pensamientos.

¡ME CANSÉ!

Me cansé. Ese es un paradigma antiguo. Es el paradigma del año 1900, cuando uno entraba a trabajar a las siete de la mañana y salía a las cinco de la tarde. Eso empezaba cuando tenías 18 años de edad. Hacías las mismas cosas, y cuando tenías ochenta y cinco, si querías te retirabas y habías trabajado el último día de trabajo desde las 7 de la mañana hasta las 5 de la tarde, haciendo el mismo trabajo día tras día. Este era el paradigma. Allí funcionaba el "me cansé", dado que todo se basaba en esfuerzos y repeticiones, y la vida comenzaba luego de eso.

Al día de hoy, ¿quién aceptaría un paradigma de trabajo así?

Probablemente nadie. Hoy vamos por proyectos. Es decir, funcionaste si cumpliste el proyecto; si no lo lograste, no funciona. Así de fácil. Entonces, cuando te preguntan, ¿ya lo hiciste? ¿Lo lograste?, no puedes responder, por ejemplo: "No lo logré, pero estuve veinte horas trabajando en eso".

Es como dos paradigmas que se cruzan, uno viejo y uno nuevo. No es tan importante si estuviste veinte horas o veinte minutos. Tu trabajo se va a medir por tu resultado, no por la cantidad de esfuerzo hecho.

Resulta muy poco lógico cuando las personas me dicen: "No sabes todo lo que hice, todo lo que trabajé, pero no lo conseguí". Entonces no lo hiciste. No importa lo que hiciste para no hacerlo, pero no lo hiciste. No me cuentes todo lo que no lograste. Cuéntame cómo lo vas a lograr.

¿Por qué de lo único que me hablas y te hablas es del fracaso, de lo que no vas a hacer? Son viejos paradigmas de esfuerzos que hoy solo te sirven para explicar lo que no vas a conseguir. Vas a usar mi tiempo para explicar y encontrar todas las excusas por las cuales sigues fracasando en tus intentos. Te puedo asegurar que de ese modo no lo lograrás. Además, te alejas cada vez más de la posibilidad.

Las excusas son realmente improductivas. Hoy te quitan energía mientras las construyes y las dices, pero además no te resolverán absolutamente nada.

Aquellas personas que me conocen saben, como ya te conté, que una de las razones por la cual consigo muchas cosas y logro muchas cosas, es porque soy una mujer perseverante. Soy perseverante y soy comprometida. Hasta a veces parezco incansable, aunque esto no es así.

Además, entre otras características, soy muy terca o, si se quiere, "de convicciones fuertes". Y eso también me ayudó a sostenerme en muchas ocasiones y sobrevivir (literalmente) en otras.

No tengo tiempo para las dos cosas. Voy a diseñar mis acciones. Voy a diseñar mi futuro. Sé que tengo que ponerle todo el esfuerzo que pueda las horas que me lleve. Entonces, cuando me vengan a contar un cuento distinto, recordaré que está en mi elección si voy a escuchar, y a quién voy a escuchar.

Más allá de cualquier pronóstico, en cualquier situación, tú tienes que decidir y elegir.

No es algo nuevo pensar que nos enfrentamos permanentemente a la necesidad de tomar decisiones. A esto le siguen las pequeñas decisiones diarias que me ayudan a sostener mi compromiso y lograr el éxito.

Porque si mañana te levantas y te olvidaste de la decisión que tomaste y tus acciones no van alineadas a lo que declaraste según tu elección, puedo asegurarte, sin dudarlo, que no solo no tendrás resultados, sino que tampoco lograrás aprender.

EL CASO DE LA RUTINA DE EJERCICIOS

¿A cuántos les pasó que se levantan el lunes y dicen, "hoy empiezo el gimnasio, salgo a correr" o la disciplina física que te guste, y el lunes lo haces muy bien, te esfuerzas y te vas a la cama orgulloso, orgullosa de que lograste hacer tu rutina el lunes? Te acuestas con un poco de dolor muscular, pero disfrutando la victoria del día cumplido.

El martes te levantas, estás tan satisfecho con tus acciones de ayer que decides quedarte en la cama un rato más. Comienza a pasar la hora, y vas directo a tu bien merecido desayuno. Dentro de ti te estás felicitando. "Me porté tan bien… lo hice tan bien ayer" … buscamos la gratificación, y dejamos de perseverar.

Está muy bien reconocerse a uno mismo en los logros, pero ten cuidado, no te engañes. Piensa si quieres en la gratificación del momento que te llevará a perder tu inversión de tiempo y esfuerzo, o en la verdadera meta definitiva, eso que obtengo si completo el proceso y logro lo que me propuse.

En el primer caso, puede que sienta que me he fallado, y claro que me lo perdonaré una y otra vez, pero no podré evitar que mi confianza y mi autoestima se vean afectadas.

De esta manera vemos que no siempre sostenemos con nuestras acciones lo que declaramos en nuestras conversaciones, ni en lo que estamos comprometidos. Entonces, no tenemos un verdadero compromiso. Por eso les decía que las características son perseverancia y compromiso. Porque si no hay compromiso, ¿para qué voy a perseverar?

Lo importante es saber que nosotros tenemos que estar convencidos de eso; yo estoy convencida. Me funcionó en mi vida, perseveré y lo logré, pero también me pasó que fracasé por perseverar.

FRACASAR PERSEVERANDO

¿Has fracasado perseverando? Yo sí, y conozco muchísima gente que estuvo así.

Tuvimos el caso hace algunos años de un empresario que tenía como su fuente principal de ingreso y su negocio más próspero, un negocio de venta de discos. Era una casa de música y vendían discos de vinilo, casetes y revistas. Pero en un momento determinado las cosas empezaron a cambiar y comenzó a vender CD's (discos compactos). Él sabía que su negocio funcionaba, porque lo había comprobado durante años. Así que decidió hacer algunas remodelaciones en el local para atraer más público. Pero esto no hizo la diferencia.

Los meses pasaban y los resultados no cambiaban. Para resumir la historia, mientras iTunes y el mundo digital seguían creciendo, él perseveraba con sus productos. No se había dado cuenta de que hubo un cambio que ya no era de producto, sino de acceso. Ya no era tan importante tener el disco, sino el acceso a la música. Pasó un poco más de tiempo y la música digital tuvo un acceso gratuito. Así que insistía en perseverar sin poder ver y aceptar el cambio de paradigma que ya había ocurrido. Él estaba fracasando. Fracasaba perseverando.

Del mismo modo, la cadena de videos Blockbuster no vio venir el impacto que Netflix tendría sobre la industria del cine y la televisión. Luchó con fuerza para mantenerse, sin embargo, terminó cerrando.

Es un gran error pasar todo el día y toda la vida tratando de tomar una acción buscando un resultado que nunca voy a tener; buscando realizar las mismas cosas para obtener resultados distintos. No importa cuán perseverante sea.

Tengo que cambiar de paradigma muchas veces, para que cambien mis acciones y perseverar en los paradigmas correctos, porque mientras yo siga haciendo las mismas cosas tendré los mismos resultados.

Hacemos y decimos las mismas cosas esperando resultados diferentes.

Si le das una indicación a alguien y nada sucede, vuelves a dar otra vez la misma indicación, y lo dices una y otra vez esperando que esta vez pase algo, claramente no funciona. Hubiera esperado en la tercera vez cambiar la técnica, porque si no cambiamos las acciones, no cambiamos los resultados. No es por cansancio. A veces se trata de aplicar la fórmula correcta.

Debemos tener una fórmula. La vida necesita perseverancia, pero necesita también una fórmula. En este tiempo de cambios es clave desarrollar la capacidad de adaptarnos y reinventarnos.

Es necesario que seamos capaces de ver los cambios y las tendencias.

EL APRENDIZAJE HUMANO

El aprendizaje humano se define como el cambio relativamente invariable de la conducta de una persona a partir del resultado o de la experiencia.

Sí es cierto, está muy claro. Cuando tenemos un resultado que no nos convence, que no nos llena, que no nos sirve, tenemos que buscar el aprendizaje. Podríamos ilustrar lo dicho anteriormente con el siguiente ejemplo.

Hay un juego que tiene figuras geométricas y una base con los huecos, que tiene la forma de las mismas figuras. La finalidad es que el niño pueda relacionar el redondel con el espacio que tiene la misma forma y encajarlo, y hacer lo mismo con cada figura. Normalmente, lo que hacen los niños es ir a prueba y error. Buscan encajar una figura y si ven que esto no entra en un espacio, tal vez insistan un poco, pero luego prueban en otro para ver dónde encaja.

Perseverar en encajar un cuadrado en el espacio de un círculo no suena lógico. Aunque muchas veces los niños lo intentan, aprenden del error y buscan el espacio correcto. El problema viene cuando una persona adulta insiste en fracasar perseverando.

La primera cosa que hacemos como seres humanos es imitar. Cuando somos chiquitos, lo primero que hacen nuestros hijos es imitar, pero después, cuando somos grandes, también imitamos. Muchas veces aquello que aprendimos por imitación, lo convertimos en nuestra norma, y nos cuesta reconocerla y cambiar.

No nos damos cuenta de cuán influenciables somos, cuánto imitamos a nuestro entorno y cuánto nos copiamos de las personas que tenemos alrededor. De este modo también solemos idealizar a las personas, y es por eso que a veces tomamos el paquete completo. Imitamos lo bueno y exitoso juntamente con lo que lo limita. En un momento determinado le vimos una falla, y entonces nos cuesta creerlo.

Mi maestro, mi amigo, mi hermano, ¡no puedo creer que haga esto! Como si fuera una obligación que el otro fuera perfecto cuando yo tengo el derecho a ser imperfecta. Y no perdonamos la imperfección del otro.

Esperamos que el otro sea perfecto o lo dejamos pasar, e imitamos la imperfección como si fuera lo mejor que podemos hacer. Tenemos que aprender a discernir si algo no nos da el resultado que nosotros queremos alcanzar, pues debemos cambiar algo.

Tenemos que cambiar la fórmula, la manera en que estamos haciendo las cosas que no nos funciona. Por eso te invito a que, a partir de ahora, te hagas estas preguntas para aprender: ¿Me sirvió, o no me sirvió? La manera en que hice las cosas, ¿me dio resultado?

Más allá del preconcepto que tienes de cómo algo se hace, pregúntate: ¿Pudiera ser que la manera en que lo hiciste antes tal vez sirvió para las condiciones de antes, pero para las condiciones del día de hoy no te sirven o no te alcanzan?

De pronto, puede ser que me doy cuenta de que estoy haciendo cosas que no tienen nada que ver con lo que debo hacer. Entonces, veo que es hora de poner en marcha mi capacidad de aprender; activar la agudeza en mi observación y, ¿por qué no? Buscar una mirada externa que me ayude a ver más.

Hay muchos tipos de aprendizaje. Tenemos, por ejemplo, **el aprendizaje por descubrimiento**. Habla por sí solo, ¿verdad? La definición de descubrimiento es que vamos descubriendo, y aprendemos.

El aprendizaje receptivo es lo que nos dan otros.

El aprendizaje significativo es lo que toca a nuestras emociones y que nos molesta de alguna manera. Nos moviliza y nos hace aprender, porque siempre para aprender tenemos que salir de lo lineal.

Si es lineal no aprendemos, sobrevivimos; tenemos que salir de lo lineal. Así que no les tengan miedo a las emociones. **El aprendizaje repetitivo, el aprendizaje acumulativo,** son tipos de aprendizaje que tenemos muchas veces. No son lo que necesitamos. En todos los casos los vamos a usar porque vamos a aprender descubriendo, vamos a aprender por otros, vamos a aprender porque algo nos parezca significativo, vamos a aprender porque allá nos repiten, una y otra vez.

El aprendizaje trae cambio, pero tengo que aprender porque si nada cambia, no aprendí nada. Si en tu vida nada cambia, no aprendiste nada. Yo no sé en qué grupo quieres estar, si el de las personas que son "perfectas", que tienen el rótulo de "soy perfecto", o en la de los fracasados que se convierten en un éxito.

Yo quiero ser exitosa fracasando todos los días. Muchas veces.

Muchas veces nos estancamos en el fracaso en lugar de aprender de él. Nos movemos y es como una arena movediza; nos vamos hundiendo en ese fracaso. Tenemos que salir de ahí y aprender que el fracaso contiene las semillas del éxito.

El fracaso no es el éxito, el fracaso está antes del éxito. El fracaso tiene fruto.

Si yo abro una naranja, me voy a encontrar con semillas. La semilla está dentro del fruto. La semilla no es el fruto, pero el fruto no existiría si no hubiera semilla. Viene la semilla, luego el árbol, que es el desarrollo y el aprendizaje, y luego viene el fruto, que es el éxito.

Si nosotros podemos tener esa secuencia y aprovecharla en nuestras vidas y entender nuestros fracasos como el camino para llegar al éxito, entonces habremos tenido éxito antes de empezar. Tenemos que aprender a declararnos exitosos, porque no importa el resultado.

En este juego de la vida, ganas si quieres ganar, y pierdes si te declaras fracasado.

El éxito es poder sembrar la semilla del fracaso en la tierra del aprendizaje.

Si vas a perder, te hago algunas preguntas antes de empezar y te puedo decir si vas a tener éxito o vas a fracasar, porque me lo vas a decir. Vive en tu lenguaje, si te estás declarando un fracaso o estás declarando tu éxito.

Pero el éxito no es de la noche a la mañana. Todos los éxitos de la noche a la mañana son los que llevaron días y noches de trabajo. Y es entonces que ocurre de la noche a la mañana. Somos como el bambú, ¿verdad?

EL BAMBÚ JAPONÉS ES EXTRAORDINARIO

Cuando un sembrador planta una semilla, no crece inmediatamente. Ni siquiera crece en las semanas que vienen. Independientemente de cuánto se le riegue o abone, el bambú no crecerá ese año ni en el siguiente. El bambú tardará siete años en salir a la superficie.

Un sembrador inexperto pensará que la semilla ha muerto, o que sus cuidados durante las primeras semanas no han sido los adecuados. Pero no es así porque el bambú necesita de siete años de cuidados para salir a la superficie. Durante esos siete años el bambú desarrolla sus raíces, y se alimenta de la energía necesaria para poder crecer. Después de ese período de preparación, el árbol crecerá treinta metros en solamente seis semanas.

Después de siete años de preparar el suelo, fortalecer sus raíces y generar todo lo necesario para su crecimiento, el bambú sale a la superficie para mostrarse sano y fuerte. Su crecimiento es extremadamente rápido, pero eso ocurre una vez que las bases se han formado y afianzado.

Muchos de tus éxitos vinieron de este modo, y también tus fracasos.

El fracaso puede ser horrible en nuestras vidas. Puede tener un efecto en nuestras emociones, puede ser desmoralizante, incómodo y, por supuesto, nadie lo quiere. Sin embargo, el fracaso bien aprovechado nos invita a hacer cambios, a activar cambios en nuestras vidas. ¿Con qué fin? ¿Con qué propósito? ¿Para qué? Para no seguir haciendo las mismas cosas, o de la misma manera. Ya sabes qué camino no debes tomar, pero es hora de fortalecerte en lo que tienes que hacer.

¿Recuerdan el personaje del conejo de Alicia en el País de las Maravillas? Este personaje de conejito era el sabelotodo. Alicia se encontraba perdida y vino a él en busca de ayuda y consejo. Entonces le pregunta: "Conejito, ¿por dónde tengo que ir? ¿Cuál es el camino? Dime qué senda tomar, por favor".

El conejito le pregunta: "Pero ¿a dónde vas?".

Alicia responde: "No sé en realidad".

El conejito replicó: "Entonces todos los caminos te llevan".

Si no sabes a dónde vas, no importa qué camino tomes. Igual vas a llegar a un lugar que no elegiste. Probablemente no estés conforme y te encuentres que estés más lleno de fracaso que de éxito.

Tenemos que aprender a elegir a dónde vamos a ir, y quiénes queremos ser; elegir los resultados que vamos a tener y capitalizar el fracaso en aprendizaje.

Hay personas que dicen, o que les han dicho (yo escuché a mucha gente decirle a otra persona) "eres un fracasado, una fracasada". Es muy feo, pero pasó en alguna oportunidad y es tan desagradable como cierto para la persona que lo recibe si lo llega a creer.

Si alguna vez te dijeron eso, o crees eso de ti, yo te voy a decir que el único fracasado es aquel que se resiste al aprendizaje; aquel que es perezoso para aprender. La única persona que es una fracasada es la que está dispuesta a fracasar, la que quiere fracasar permanentemente.

Ten por seguro que, si tú lo deseas, el fracaso puede ser un maestro. Y eso no está mal.

El fracaso debería ser nuestro maestro, pero jamás debería ser nuestro dueño.

Nunca permitas que el fracaso se adueñe de nuestros pensamientos, así que te voy a dar unas recomendaciones:

No busques olvidarte o negar que fracasaste.

No te escondas del fracaso.

Muy por el contrario, convertir en una fortaleza aquello que fue objeto de tu fracaso es tu mejor elemento para que seas el mejor o la mejor en eso, o en hablar de ello. Yo he tenido muchas cosas que hice mal en mi vida, que sigo haciendo mal, ¿pero a quién le importa si hago tantas cosas bien?

Modestia aparte, no es cierto, yo me la creo. ¿Por qué no? ¿Qué sería de mi vida si yo dijera que la creación de Dios no sirve? Así que elijo creer que lo puedo lograr, que lo voy a lograr, más allá de lo que diga cualquier persona. No me voy a acondicionar y me mantendré firme para lograr lo que quiero lograr.

La gente te critica mientras estás haciendo, y luego te felicitan y quieren disfrutar de tu éxito.Como dice la canción que interpreta Thalía: "¿A quién le importa?".

Imagínate a alguien que en medio del fracaso estuviera todo el día preocupado por los demás en vez de ocuparse de mejorar, o sacar lo mejor de sí.

El poema de Dios que soy yo, ¿es un fracaso? El desastre no sirve para nada. Aquí no estoy insultándome a mí, sino a mi creador. Fui hecha con todo el potencial, con la capacidad de elegir. ¡Ser lo mejor nos hace lucir a los dos! Él me hizo con la capacidad de salir adelante. Así que si yo fracaso no me olvido, lo enfrento, y aprendo que esto lo debía hacer que sea diferente, porque si yo no observo la situación, no aprendo.

Fracasé porque debí haber hecho otra cosa y no lo hice. ¿Qué cosa tendría que haber hecho? ¿Lo encontraste? Entonces, hazlo ahora. No pierdas tiempo lamentándote y llorando sobre la leche derramada.

Vamos de vuelta a buscar el fruto de lo que la vida nos tiene preparados. Nunca deseches lo que es tuyo o lo que fue dirigido para ti.

A veces decimos: "Esto me tocó a mí, pero no debió tocarme a mí". Pregúntate: ¿Para qué sirvió esta situación que me tocó vivir? ¿Qué tiene para enseñarme, qué es lo que va a ser diferente en mi vida?

Haz que toda situación en tu vida se convierta en una instancia de aprendizaje. Es cuestión de actitud.

Si puedes relacionarte poderosamente con las cosas que suceden, obtendrás aprendizaje al mirar nuevamente las cosas desde ese espacio de aprendizaje, entendiendo que el fracaso no es más ni menos que ese paso hacia el éxito.

El éxito siempre se encuentra dos pasos después del fracaso.

Es maravilloso poder pensar que Dios convierte tu fracaso en aprendizaje, siempre que se lo permitamos, porque a veces no le permitimos, simplemente nosotros queremos ser los dueños de nuestras vidas, queremos sufrir, queremos lamentarnos y decir "por mi culpa, por mi culpa".

Así que no tengo nada que aprender, porque si aprendo dejo de fracasar, y algunos estamos engañados pensando que somos mejores si nos culpamos. ¡Y esto no es cierto!

Si fracaso una y otra vez, soy agradecida aun en el fracaso, y reconozco y aprendo aunque esté fracasando, te puedo asegurar que estoy teniendo éxito. Ese es el disparador de la vida para el gran cambio. Por último, tenemos que saber que aprender requiere cambiar nuestra forma de observar.

¿Estás fracasando? ¡OK! Bienvenido al club. Bienvenido a la humanidad. Si tienes un fracaso en la puerta, la puerta de atrás, la puerta del costado, la ventana, la chimenea, no importa; no importa dónde vas a tener un fracaso. Estoy segura de que ese fracaso va a servirte para dispararte. Y cuanto más preparada estés para aceptar el aprendizaje, más rápido llegará el éxito.

A veces hay situaciones que me llegan y terminan influyendo en el fracaso. La tendencia es echarle la culpa a la situación, dado que yo no fui la que traje la causal del fracaso. ¿Sabes qué? No, claramente no fue mi culpa, pero recuerda que no se trata de culpa, sino de responsabilidad. Se trata de hacerme cargo y de la manera en que me relacione con la situación.

Yo elijo. A partir de ahora, si tengo las herramientas del conocimiento, si obtuve aprendizaje de la situación, entonces estoy en mejores condiciones. Lo único "malo" de todo esto, es que para que ocurra esta fase de aprendizaje tengo que reconocer y hacerme cargo del fracaso.

Voy a buscar el aprendizaje y cuando mi manera de ser no me alcance, de todos modos, sé que tengo la oportunidad de crecer, ampliar esa manera de ser y alcanzar lo que quiero lograr.

El fracaso no es mi destino. Solo estoy allí de paso.

La vida tiene altos y bajos, alegrías y tristezas, tiene momentos en los que nos encontramos atrapados y pareciera que no hubiera posibilidades. Pero también tiene momentos en que salimos adelante de esas situaciones, ilesos y fortalecidos.

Hay momentos y momentos en la vida.

Lo importante es quién quieres ser todo el tiempo; que no seas alguien arriba, y otro abajo, alguien diferente cuando estás en la mesa o alguien más en el trabajo.

Sabes que es más fácil vivir cuando no tienes que fingir; cuando puedes ser tú mismo y no ser poderoso todo el tiempo. ¿Por qué? Porque no hay nada más poderoso que la verdad; porque sabes que eres vulnerable a que te descubran algo.

Claro que existe esa posibilidad. ¡Qué problema hay! Tu vulnerabilidad está a la vista. Por lo tanto, ¿qué más me van a descubrir? Qué sé yo. Pero nadie es perfecto, y si vives amenazado por algo de tu pasado, o por tus fracasos, te digo que es hora de ser libre.

Todos fracasamos, es un factor común de la humanidad. No hay una persona que no haya fracasado en algo o que no esté fracasando, o que no siga fracasando, o que no fracasará en algo.

Todos estamos presentes. Es parte de la vida. Pero ya que eso viene igual, el aprendizaje es intencional. El fracaso no lo es.

Seamos intencionales en aprender. Seamos intencionales en buscar el provecho de las situaciones que se nos ponen adelante. Preguntémonos para qué en cada cosa.

PREGUNTAS PARA REFLEXIONAR Y TRABAJAR

Foco

Vuelve a preguntarte: ¿Hacia dónde estás mirando?

Responsabilidad

¿Me estoy haciendo cargo de lo que me pasa?

¿O le estoy cargando la culpa a alguien más?

Aceptación

¿Estoy siendo capaz de aceptar que las cosas son como son?

¿O trato de manipular los relatos para adaptarlos a la escucha de los demás?

Compromiso

Añade tres nuevas acciones que te ayuden a sostener tus compromisos.

Aprendizaje

¿Qué hiciste antes que no deberías repetir ahora?

Sentido

¿Qué tan importante es aquello en lo que te estás concentrando?

Oportunidad

¿Estoy siendo capaz de ver los beneficios de esta pérdida o fracaso?

6

¿ESTÁS DISPUESTO A PERDERLO TODO?

"El que no está dispuesto a perderlo todo,
no está preparado para ganar nada".
—Facundo Cabral

No es lo mismo el fracaso de quien va por más, que de quien repite su ayer. Facundo Cabral, un cantautor argentino y juglar trotamundos le ponía un énfasis especial a la disposición, a ser radical, a tomar conciencia de que tienes que salir a la vida, aunque eso signifique perder lo que tienes, y allí caminar con una manera de ver que te permita aprender de esa pérdida, inclusive si tu pérdida es todo.

El problema nunca es tu fracaso, sino tu forma de verlo.

Todas las personas pasamos por situaciones que nos resultan dolorosas o frustrantes. Cuando fallamos en lograr lo que tanto deseamos, aquello en lo que nos hemos esforzado más allá de nosotros, o hicimos una inversión, ya sea de dinero, nuestro tiempo, nuestras relaciones o todas ellas juntas, pasamos por el siguiente proceso:

1. Veo que no funcionan las cosas.

2. Reconozco el fracaso.

3. Vivo la desilusión.

4. Experimento desánimo.

5. Busco culpables y responsables.

6. Me avergüenzo.

7. Me hago cargo y soy capaz de anular la vergüenza.

Lo primero es que lo pueda ver, y pueda reconocer los síntomas. Si algo no está funcionando, debo prestar atención. Muchas veces no tomamos medidas con respecto a algo porque no lo vemos. Podría ser que esté en un espacio de ceguera o que no lo quiera ver.

Tengo que reconocer que he fracasado, y evitar la búsqueda de explicaciones, ya sea para los demás o para mí mismo.

No debo tratar de justificar, ni pretender cargar sobre nada ni nadie la causa del fracaso.

Sentí la desilusión, dado que no está sucediendo lo que quiero que suceda.

Es probable que experimente desánimo, y que no encuentre dentro de mí la energía para hacer algo más.

El engaño de la vergüenza, por otro lado, provoca que no hagas lo que debes hacer, y esperas el momento correcto para tener algo que sea considerado digno. Muchas veces te mantienes en el fracaso porque no te permites reconocerlo delante de otros, y entiendes que cambiar las acciones también es reconocerlo.

Bien manejado y con las herramientas correctas, el fracaso nos enseña, nos hace crecer, nos vuelve fuertes y más resistentes.

Pero cuidado: el fracaso también puede volvernos más duros, amargados, cerrados y susceptibles.

La clave está en la manera en la que nos relacionamos con el fracaso.

Conozco muchísima gente de éxito, otros que aún lo están persiguiendo, y algunos que se declaran que han fracasado, o peor aún, creen que son un fracaso. Pero lo particular de esto es que todos tienen un factor común. Sin excepción, todos ellos, alguna vez, de seguro han fracasado, o bien ahora son exitosos en aquellas cosas que conformaban el camino hacia lo que querían alcanzar. La diferencia entre unos y otros la hizo la capacidad que cada uno tuvo de sacarle aprendizaje a las situaciones.

El caso de Jeff Bezos, dueño de Amazon, es extraordinario. Recuerdo hace algunos años cuando en la página central de un diario mencionaban el caso de Amazon como uno de los fracasos de las empresas burbujas. Ese era el año donde todos hablaban mal de él y hasta su propia identidad era de que "no se podía". Sin embargo, llegó a ser la organización comercial más poderosa del mundo.

Jeff Bezos, el hombre más rico del mundo, entiende que para llegar al éxito hay que cometer errores. Supo hacer del fracaso un camino al éxito. Es interesante ver cómo el fundador de Amazon dijo a los accionistas, en la carta publicada en abril de 2019, que la firma aprendió de sus decisiones equivocadas. Pero no solo eso. Pareciera que hasta allí ya estaba bien. Sin embargo, hay más aún. Agregó que en el futuro podrían ocurrir nuevos fracasos.

En esa ocasión se refirió al mayor error de la empresa: un producto que tuvo que descontinuar en 2015 porque no alcanzó el nivel mínimo de ventas por no ser aceptado por los consumidores. Hablamos de su teléfono *Fire*. Escuchamos a Bezos decir: "Mientras el teléfono *Fire* fue un fracaso, fuimos capaces de aprender y acelerar nuestros esfuerzos para construir *Echo* y *Alexa*". Este error que le costó a Amazon cerca de USD 170 000 000 les permitió sacar aprendizaje, y así lograr otros productos. Alexa y Echo fueron un éxito, se vendieron realmente bien.

Más allá de la facturación abundante que produjera la venta de estos productos, podemos ver que cuando le pedimos a Alexa, por ejemplo, música instrumental, lo primero que sucede es que te ofrece una estación de la música que quieres escuchar, en Amazon Music, para lo cual debes estar suscrito. Los planes para tener la música que deseas son variados en precio y servicio. Lo más interesante y genial es que no solo tendrás algunos de los planes de las estaciones musicales, sino que lo pagarás automáticamente cada mes y muchas veces ni siquiera tendrás presente que eso está sucediendo.

Así que podría decirse que te conviertes en parte de un público cautivo. No es que tienes tu música, ahora tienes acceso a toda la música, en el momento que quieras, mientras tu suscripción esté activa. Se dice que la fortuna de este increíble hombre asciende a USD 150 000 millones.

El mencionado al comienzo del relato no fue el único fracaso del magnate. Hubo muchos que también representaron pérdidas millonarias en el camino. Yo no me imagino a Jeff Bezos convirtiendo cada fracaso en una excusa; tampoco llorando por los rincones. Sí lo veo elegir aprender, estirarse, ponerse de pie y ser más grande que sus circunstancias. Si miramos el saldo al día de hoy en todos los aspectos, podríamos decir que su éxito como empresario es total.

Cuando pensaba en el ejemplo de Jeff Bezos, pensé que alguna vez fue joven y tuvo que lidiar con sus fracasos. ¿O no se toman tan en serio los fracasos en la juventud?

Mientras pensaba esto, miré a mi lado y vi a mi hija menor: bella, exitosa, con todo el futuro por delante. Me pregunté: ¿Cómo estará ella viviendo sus fracasos cada vez que se estrella?

Ya me conocen; no pude dejar de preguntarle. Me contestó con algunas líneas que quiero que tú también disfrutes.

EL RELATO DE ABIGAIL...
RELACIONÁNDOSE CON LOS FRACASOS SIENDO JOVEN

De chica siempre soñé con los cuentos románticos; el tipo de amor que solo se encuentra en las películas, el tipo de amor que mis padres siempre se muestran uno al otro. Siempre quise un amor que me persiguiera bajo la lluvia y me dijera lo mucho que me ama.

Soñaba con el día que conocería a mi príncipe azul. En las películas, la princesa besa a la rana y por su amor y su fe en él, se convierte en un príncipe. Luego de algunas ranas, me di cuenta de que no siempre es así.

Tenía quince años cuando creí que había conocido a mi futuro esposo. Tan emocionada y sin saber lo que pasaría, me sumergí de cabeza. Luego descubrí que él no era mi príncipe. A esa edad es totalmente comprensible que pienses que tu primer amor puede ser tu príncipe con quien construirás tu vida.

Sufrí una gran desilusión y sentí que era mi primer gran fracaso. Mientras me regodeaba en ese fracaso, me di cuenta de que debía salir de allí y no dejar que me siguiera robando la posibilidad de vivir mi felicidad.

Y como lo llevo en mi ADN, me gusta mucho escribir, así que, volqué en un papel en forma de poema mis reflexiones y todo lo que estaba sintiendo. Fuimos con una amiga a tomar el té en un lugar donde se pueden recitar poesías, y decidí expresarlo allí. Mi amiga grabó mi presentación y la subió a Twitter. El poema tuvo 14 millones de vistas, y hasta el día de hoy lo siguen replicando. Este ha ayudado a muchísimos jóvenes que hasta hoy me escriben para agradecerme.

Creo que esta experiencia fue bien capitalizada y se transformó en éxito para mí.

Mi sueño se mantuvo. Nunca quise renunciar a la idea que alguien allí afuera podía ser el amor de mi vida.

No mucho después, dejé que Dios dirigiera mi vida y me convertí en suficiente para mí y para el hombre que Él tenía guardado para mí. Menos de un mes después, apenas comenzaba el nuevo año, Dios me dijo que mi sueño se haría realidad. Exactamente 24 días después, conocí al hombre de mis sueños, quien me da un amor mejor que el de las películas, quien me muestra gracia cada día, un hombre que me ama como mi papá ama a mi mamá.

La chica que era antes de mi fracaso nunca hubiera merecido la bendición que este amor me ha dado.

Dios transformará tus lágrimas en testimonio si lo dejas dirigir el camino de tu vida.

Sin las relaciones que fallaron y las experiencias que rompieron mi corazón, nunca hubiera entendido la gravedad de un amor como este. "Nunca sabes lo que tienes hasta que lo pierdes" es verdad. Pero no sabes cuánto has sido bendecido si no tienes nada con qué compararlo.

Sin las experiencias que me rompieron el corazón nunca hubiera descubierto mi pasión por la escritura. Mis poemas han ayudado a millones de personas alrededor del mundo. Algo que parecía un fracaso del cual estaba tan avergonzada, otras personas también lo sentían. Pero la verdad es que el fracaso no te hace especial.

Dios me ha dado un presente tan bueno que ahora le agradezco a mi pasado.

Las cosas por las que he pasado me han enseñado mucho sobre la gracia y el perdón de Dios. En vez de escribir sobre el dolor, ahora escribo sobre el amor; no solo el amor que siento por la vida y por mi pareja, sino el amor que siento por Dios.

Los fracasos de hoy te prepararán para los éxitos de mañana.

Amo poder hacer esto para ti que estás lejos y para ella que está cerca.

Al ver que podemos ayudarnos a ser mejores luego de haber fracasado, eso me da mucha energía con la que puedo ayudarte y juntos ayudar a otros.

Quiero invitarte a que puedas observar el cuadro grande de tu vida que incluya también la visión de futuro.

No dejes de arriesgar porque alguna vez fracasaste, sino más bien fortalécete y esfuérzate, sé intencional en capitalizar el fracaso, busca el aprendizaje en cada paso, y utiliza este episodio como un escalón más para tu éxito.

FRACASÉ, PERO NO SOY UN FRACASADO

Es el camino fácil juzgar de fracasado y condenar de por vida a aquel que comete un error, o muchos; el que falla o fracasa. El problema es que cuando condenas o juzgas a alguien estás basándote en sus fallas o errores que están en el ámbito del hacer. Tiene que ver con acciones, y las tratamos como si se hablara del ser. En este modelo, cuando fracaso, paso a ser una fracasada.

El ser siempre incluye el hacer, pero no todo hacer refleja fielmente el ser. Por ejemplo, todo payaso hace payasadas, porque son propias de él. Pero el hecho de que alguien haga una payasada no lo convierte en payaso. Así que puedes cometer errores y fracasar, y aun así no serás un fracasado.

FRACASO EN LAS RELACIONES

Se dice que si aprendes a tratar efectivamente con otras personas habrás recorrido el 85% del camino al éxito en cualquier negocio, ocupación o profesión, y aproximadamente el 99% del camino a la felicidad. Según un estudio realizado, el trato que tienes hacia los demás y las conversaciones que mantienes, juegan un papel fundamental en el desarrollo y el éxito en tus relaciones.

Dicho así suena bastante sencillo, pero si es tan simple, ¿por qué las relaciones están tan repletas de fracasos? El caso es que cuando se habla de la manera de tratar a una persona no resulta tan sencillo como su título. Dejaré la explicación para los expertos en el tema, porque no quiero hablarte de la relación, sino de lo que conozco muy bien: el fracaso.

Lo cierto es que el tema del fracaso en las relaciones de todo tipo no es algo extraño, pero podríamos decir que de la misma manera es maravillosamente restaurable. También es importante aceptar que necesitas tiempo para asimilar una ruptura, y a veces hasta es necesario hacer tu duelo por esa relación, sin olvidar que a veces lo que sucede es para mejor. Es indispensable analizar la situación para detectar cuáles fueron los factores que influyeron y poder tomar el aprendizaje para futuras relaciones. Los fracasos en las relaciones amorosas suelen ser dolorosos, probablemente más que cualquier otro fracaso. Pero muchas veces son inevitables, y cuando lo estamos viviendo nos sentimos tristes, como si el mundo se acabara, y perdemos la fe en el amor y la esperanza de que algún día viviremos esa relación "perfecta" que siempre soñamos.

Sin embargo, el error más grande es querer que funcione algo que no corresponde, y hacer cualquier cosa para darle vida a algo que tal vez ya murió.

Es porque fracasaste que puedes distinguir y discernir. A partir de allí es que elegirás nuevamente, pero esta vez lo harás con las nuevas herramientas que adquiriste aprendiendo del fracaso. Cada vez que fracasas puedes tener un poco más de discernimiento. Hay algunas cosas que se activan de manera profunda y acelerada cuando fracasas. Si buscas ese aprendizaje, te aseguro que entrarás en un nuevo nivel de fortaleza, discernimiento y confianza.

Si pones tu fracaso en las manos de Dios, Él convierte en testimonios tus historias de fracaso y tristezas. Mis fracasos me hicieron ver qué clase de relación quiero tener, ya sea en lo personal, el área laboral, los negocios o las amistades, incluso en las relaciones familiares. No puedes elegir a tu familia (en general), pero sí cómo te relacionarás con ellos y quién serás para cada uno de ellos.

Por ejemplo, si estás hablando de una relación conflictiva, o rota, es posible que, si nos toca compartir tiempo con la persona en cuestión, si fuera en el trabajo, tomemos el camino más seguro adoptando una postura de no conflicto (que no es lo mismo que paz), y solo nos limitemos al saludo o tal vez a alguna pregunta puntual necesaria.

En el caso de una relación más personal tal vez no volvamos a llamar a la persona, y pensemos que, aunque las cosas se arreglaran, ya no será lo mismo. Por lo tanto, ¿para qué intentarlo? Entonces te quedas con el dolor de perder un gran amigo, un gran negocio, o el amor de tu vida. No siempre tendría que ser así. No necesariamente será como antes, pero tal vez puedas trabajar la confianza en la relación y alcances un más alto nivel de madurez. Siempre te puedes elevar.

El dolor y el fracaso nos ponen cobardes. Suelen abrir el espacio a nuevos temores o refuerzan los existentes. ¿Qué puedes hacer para cambiar esto?

Por ejemplo, podríamos tomar el riesgo de abrir una conversación en busca de aclarar las cosas y restaurarlas. Siempre vamos a estar utilizando las herramientas de conversaciones necesarias. ¿Dónde comenzamos?

1. Estar dispuestos.

2. Limpiar conversaciones. Siempre es importante tener claridad en una relación. No te quedes con cosas pendientes; mucho menos con supuestos.

3. Perdonar y pedir perdón son elementos que valorizan a las personas. Cuando estás dispuesto a entender que

el otro pudo cometer un error y no por eso lo condenas de por vida, y aceptar que tú pudiste cometer un error y reconocerlo con mansedumbre y humildad, siempre te dejará en paz. Pero recuerda que no estás obligado a perpetuar una relación si no lo deseas.

4. Busca un propósito en cada relación (no es lo mismo tener una relación por interés).

5. Evita las personas tóxicas, a menos que estés seguro de que tienes las competencias para ayudarlos.

6. Por último, obsérvate a ti mismo y aprende.

Recuerda que los hábitos y la manera de ser que estás teniendo te llevaron a fracasar. Así que es necesario que te observes con atención y determines cuáles son aquellas cosas que te resultaron transparentes y recurrentemente afectaron tus relaciones. Hay cosas que no se reparan, y hay que aceptarlo. Sin embargo, puedes convertir el dolor en posibilidad. Cuando uno vive dolor en un área, se aumenta la sensibilidad que te permite ayudar a otros.

Puedes aprender de los errores si tomas el tiempo de reflexionar en ellos. Al hacer esto, podrás obtener una lección y sacar aprendizaje transformando algo que fue negativo en el comienzo de algo positivo. El dolor puede tener propósito si se lo permites.

PENSAMIENTO CRÍTICO

El pensamiento crítico consiste en analizar y evaluar la consistencia de los razonamientos, en especial aquellas afirmaciones que la sociedad acepta como verdaderas en el contexto de la vida cotidiana. El pensamiento crítico exige claridad, precisión, equidad y evidencias. Se intenta evitar las impresiones particulares.

La premisa del pensamiento crítico es dudar de todo lo que se lee o se escucha, para acercarse con mayor precisión a los datos objetivos. Solemos evadir el hecho de cuestionar nuestros propios presupuestos. Preferimos estar seguros.

Queremos tener el panorama seguro y poder funcionar con ese panorama. Comenzamos a defender nuestras ideas, puntos de vista y estrategias. La propuesta hoy es que te permitas cuestionarlo. Dudar. Preguntarte acerca de nuevas posibilidades. Poder mirar las cosas desde otro ángulo. Eso te permitirá detectar posibles contingencias. Pero luego, elaboras tu plan y lo haces correr.

PREGUNTAS PARA REFLEXIONAR Y TRABAJAR

Foco

¿Dónde pondrás tu foco, en el vaso medio vacío o en el vaso medio lleno?

Responsabilidad

¿Te estás haciendo cargo de observar agudamente la situación?

Aceptación

¿Estás aceptando los cambios conforme a los tiempos que estás viviendo?

Compromiso

¿Qué puedes hacer para afirmar tus compromisos?

Aprendizaje

¿Qué es lo mejor que ha sucedido durante este fracaso?

Sentido

¿Para qué quieres que las cosas sean diferentes?

Oportunidad

¿Me sirve este pensamiento?

7

GANAMOS FRACASANDO

"Siempre sufrimos una de dos cosas. El dolor de la disciplina o el dolor del agradecimiento".
—Jim Rohn

Tengo tres hijas hermosas. Ellas son maravillosas y únicas. Cada una tiene su personalidad, son completamente diferentes, pero igualmente increíbles. Ellas son: Yasmín, Jael y Abigail.

Y hablando de la mirada acerca del fracaso y el éxito, les voy a contar una breve historia.

Yasmín, mi hija mayor, tenía alrededor de 7 añitos y estaba en el equipo de hockey del colegio donde asistía. Estaban en pleno campeonato y a medida que el final se acercaba, como es natural las cosas comenzaron a ponerse más duras y las contrincantes más fuertes. Con un resultado muy ajustado iban llegando a la final.

Cuando llegaron del campo de juego, el ánimo general era de bastante frustración y una suerte de desgano, excepto por una jugadora que venía superfeliz por el resultado. Esa jugadora era Yasmín, mi hija. Habían logrado un empate, que en otras circunstancias era un buen resultado, pero ahora las ponía en riesgo de eliminación. Sin embargo, cuando le pregunté cómo había ido el partido, yo estaba lista y preparada para el relato de esta cuasi derrota... y en cambio ella me responde la pregunta con un entusiasta "¡Rebien!" Yo permanecí en silencio dando lugar a su relato. Entonces ella continuó diciendo: "¡Ganamos 1 a 1! El coach nos felicitó y nos dijo lo que debemos corregir para el próximo partido".

Lo que estaba en su foco no era el resultado, sino su capacidad de ver el vaso medio lleno en lugar de verlo medio vacío. Seguían en la competencia y todo era posible. Habían aprendido y esa era ahora su gran victoria. Según las palabras de Julio Olalla, decimos que hay aprendizaje cuando nosotros como observadores de una entidad o persona, juzgamos que ella es capaz de realizar acciones que antes no podía realizar.

Muchas son las veces que fracasamos por tropezar con la misma piedra, aunque a veces tenga un aspecto algo diferente. Una mínima dosis de sensatez y el valor para enfrentar las cosas nos expone con nuestra necesidad de aprender; de ser capaces de hacer lo que antes no podíamos.

APRENDER A APRENDER

Instintivamente, desde que nacemos, estamos aprendiendo. Sin embargo, a lo largo del tiempo podemos desarrollar una resistencia al aprendizaje en algunas áreas de nuestras vidas. Esto nos lleva a realizar acciones ineficaces. Así que puede que haya áreas de nuestras vidas en donde estamos fracasando simplemente por esta causa. No estamos siendo capaces de aprender. No estamos hablando de solo aprender algo, sino de aprender a aprender (el meta aprendizaje). Se le llama a esto una competencia ontológica, porque podemos usarla en cada dominio de nuestra vida. Afecta nuestra manera de ser. Por lo tanto, influirá en quienes seremos.

Esto que parece tan básico es, de hecho, uno de los puntos más fundamentales en el desarrollo del ser humano para hacerle frente a estos tiempos de cambio constante. No es que el tema sea algo nuevo, sino porque aprender a aprender ha llegado a ser una necesidad fundamental para poder adaptarnos a los nuevos tiempos y una ventaja competitiva, no solo para las personas, sino también para las organizaciones.

Es posible que haya en tu vida áreas de transparencia que te impidan avanzar. Cuando hablamos de aprender a aprender, no solo estamos hablando del elemento cognitivo a la hora de incluir, aceptar o incorporar algo que antes no teníamos, sino también del elemento afectivo a partir de gestionar nuestra motivación. Las personas que han aprendido a aprender son personas que supervisan sus propios procesos de aprendizaje. Planifican, evalúan y reflexionan.

Lo que condiciona el aprendizaje no es la acción, sino la reflexión. Para eso quiero que te respondas las siguientes preguntas, que aplican a tu vida personal y te permitirán evaluar la capacidad de aprendizaje de tu empresa u organización.

¿Qué está faltando? ¿Te has hecho esta pregunta respecto a las áreas donde no has alcanzado un resultado? No te preocupes si no tienes una respuesta inmediata. Aprovecha la ocasión para masticar la pregunta, genera ese espacio de reflexión y date el tiempo que necesitas.

¿Eres de las personas que nunca ve lo nuevo como nuevo?

¿Crees que cada vez que recibes una información es más de lo mismo?

¿Le estás dando autoridad a otro para que te enseñe?

¿Eres de las personas que siempre quiere tener la respuesta?

En los últimos tres meses, ¿cuántas veces pudiste declararte ignorante en algo?

¿Eres de aquellos que no tiene tiempo para aprender algo nuevo?

Es probable que te encuentres con algunas respuestas que no te gusten, pero justamente eso es lo interesante del ejercicio. Si algo no te gusta, ¡enhorabuena que lo viste! Porque, entonces, puedes trabajar con ello para removerlo, cambiarlo o transformarlo.

Estas son las cosas que te están impidiendo crecer. Nuestro pasado y el entorno social jugaron un papel importante en la manera en que fuimos programados. El sistema escolar, en general, premia la respuesta, pero desalienta la pregunta. Y nuestras declaraciones de ignorancia pudieron ser tomadas como ocasión de burla, formando así un patrón de pensamiento limitante en nosotros.

Así que a menos que seamos intencionales en observar estas cosas, es muy difícil que las detectemos, ya que son enemigos silenciosos que atentan contra nuestro aprendizaje. Estos son amparados por nuestra ceguera. No vemos que "no" sabemos y esto limita las posibilidades de aprender y crecer.

El miedo a reconocer que no sabemos, y la vergüenza de mostrarnos incompetentes son los cómplices que debes desenmascarar y así liberar tu potencial para aprender.

APRENDER DEL FRACASO

Solo podemos aprender del fracaso si estamos dispuestos. Y estaremos dispuestos a aprender si tenemos un antídoto para el fracaso. Y el mejor antídoto para la herida del fracaso es generar tu próximo éxito.

A veces el tema capta nuestro interés, otras veces tenemos que ser intencionales en buscar el aprendizaje. Aprender es ampliar nuestra capacidad de acción efectiva.

Lo que capta nuestra atención controla nuestras vidas.

Cada persona llega a ser aquello que se atreve a permitirse.

Si parafraseo a Colin Turner en "Nacidos para el éxito", la diferencia más grande que existe entre una persona exitosa y usted es usted. Somos nuestro propio límite, pero también nuestra mayor posibilidad para lograrlo.

La carencia o escasez en cualquier área de nuestras vidas tiene más que ver con lo que pensamos de nosotros mismos, con tener una mirada pequeña acerca de nosotros en esa o esas áreas, que con nuestra capacidad de lograr o alcanzar alguna cosa por más difícil que esta pueda parecer.

La manera en que te observas a ti mismo condiciona tus decisiones y la forma en que te relacionas, no solo con la situación del momento, sino también con tu futuro. Modifica la idea que tienes de ti mismo. Ponle valor a tu vida y tu vida comenzará a cambiar.

El grado de responsabilidad que asumes está relacionado a tus compromisos e indicará el grado de tu poder personal. Asumir la responsabilidad de nuestra vida es la máxima expresión de liderazgo y de sentirte protagonista de tu vida.

Hay infinitas historias de éxito de todo tipo. Siempre nos encontramos con personas que en las peores circunstancias y contra todo pronóstico supieron revertir su situación. Las personas exitosas comienzan su éxito donde otros lo sueltan. Son esas personas que están dispuestas a hacer aquello que los que fracasan no quieren hacer.

Aprovecha bien el fracaso y acepta la invitación que te está haciendo para hacer cambios.

Podemos poner los fracasos en nuestra espalda y cargarlos; llevar este peso que nos tira para abajo. Esto no solamente será una sobrecarga en nuestras vidas, sino que, además, como seres humanos, no somos capaces de ver con claridad aquello que llevamos a cuestas.

Tal vez pienses que como tu fracaso es pequeño lo puedes dejar allí, cargarlo y que nadie lo vea. Tal vez creas que, si tú no lo ves, nadie lo verá… como el avestruz que mete su cabeza en la tierra para esconderse y si él no ve, tampoco no lo ven a él.

Puede ser que no te moleste por un tiempo, pero conforme pasen los días y las situaciones, se empezará a sentir la molestia. Si no crees que es así haz la siguiente prueba: toma una taza con un platito y sostenla a una altura mediana. No será un gran esfuerzo porque la taza es pequeña y el plato también, su peso no es significativo. No la bajes, mantenla allí. Luego de

10 minutos sigue sosteniendo la taza y espera que se cumpla la media hora, y mantenla arriba. Puede ser que la pequeña taza comience a pesar, o tal vez solo moleste o te impida hacer otras cosas, aunque esta ocupe solo un pequeño espacio de una de tus manos.

Llegará un momento que estarás cansado, molesto y obstaculizado para hacer lo que quieras hacer. Entonces tal vez sea hora de soltar la taza.

INVITACIÓN PENDIENTE

Acepta la invitación al aprendizaje que estás recibiendo a través de tu fracaso; de aquello que no salió, o que no resultó como esperabas.

Lo primero que tienes que hacer para poder ver aquellas cosas que has querido ocultarte a ti mismo es querer ver, porque como dice el popular adagio: "No hay peor ciego que el que no quiere ver".

¡Claro que sí! Eso requiere valentía, enfrentar cosas del pasado, quizá un contexto desfavorable, tus errores, tu estupidez, cuando te dejaste engañar. Y tú puedes continuar la lista y completarla.

Verás que luego que pases por la incomodidad de identificar cada uno de los ítems en tu lista y comiences a mirarlos a los ojos, empezarás a tener el acceso para "cambiar tu futuro". Cuando llegas a observar y reconocer tus errores, estás en condiciones de cambiar, de crecer.

Si tuvieses que elegir entre crecer y tener éxito, ¿cuál sería tu elección? ¿Qué crees que sería más beneficioso o productivo? Piensa que este momento de tu vida solo es un momento, solo un episodio de una larga serie, solamente una página de tu libro cuyo final no se ha escrito aún.

No importa la edad que tengas, si eres muy joven tienes mucho por caminar, mucho por aprender, y mucho por lograr. Si estás en una edad mediana, o si crees que es demasiado tarde para comenzar tu nueva racha de éxitos, te puedo asegurar que como suele decir mi esposo, ¡tienes más futuro que pasado!

Probablemente según lo que hagas, tendrás más éxitos o menos, pero lo que sí te puedo asegurar es que hagas lo que hagas, o no hagas, los fracasos igual vendrán. ¡Aprovéchalos! Utiliza los fracasos como plataforma para elevarte.

¿Qué pasaría si tomaras todo aquello que cargas en la espalda y en tu corazón, lo enfrentaras y lo convirtieras en tu plataforma a través del aprendizaje? Ponlo debajo de tus pies. Párate por encima de todo tu pasado y úsalo como base para generar lo que quieres que suceda en tu vida.

¿ESTÁS FRACASANDO O DANDO PASOS HACIA EL ÉXITO?

Me gusta mucho recordar el episodio en la vida de Thomas Alva Edison, cuando le preguntaron qué sintió al fracasar mil veces en su experimento del bombillo eléctrico. Quiero destacar que me llama la atención el hecho de que este periodista se enfocara en lo que denominó "fracasos", refiriéndose a los intentos que hizo Edison para llegar al impactante y duradero resultado.

Este maravilloso personaje respondió la pregunta, casi sorprendido, al ver el tipo observador que era su interlocutor diciendo: "Yo nunca fracasé; logré algo que me requirió mil pasos".

Me fascina pensar en las características y valores que tuvo que sostener Edison para completar el proceso.

Cuando tienes una idea, lógicamente quieres que al ponerla en la práctica dé un resultado, y es un poquito desalentador cuando falla y las cosas no suceden como esperas. Es en este momento que tienes que manejar el pensamiento. ¿Dónde vas a enfocarte?

Por una cuestión de buena administración de energía, debes elegir si vas a lamentarte por lo que no sucedió (tal vez tus pensamientos automáticos te lleven al enojo o al desánimo) o te enfocas en observar más agudamente para aprender, poder manejar las variables nuevas de información y capitalizar la experiencia.

Otras características que encontramos en Edison son la perseverancia, la paciencia y la capacidad de mantener la fe en lo que hacía mientras todavía estaba "fracasando". Pero, por supuesto, la diferencia entre un loco y un genio será el resultado.

¿Qué hubiera pasado si él hubiera llegado solamente a 999 pruebas? La cuestión es que él siguió "fracasando" hasta tener éxito.

Cuando entiendes que tu éxito está dos pasos más allá del fracaso y que has tenido una gran oportunidad de vivir una experiencia que puede enseñarte lo que necesitas para completarte, no debe importarte como otros la llamen. Puedes hacer como Edison. Mientras otros pensaban en fracaso, él disfrutaba del proceso hasta lograr el éxito.

LA AVENTURA DE PROCRASTINAR

El fracaso muchas veces nos lleva a procrastinar el siguiente intento.

El acto de postergar puede convertirse en un hábito. Aun cuando sabemos que algo debe ser hecho, se demora y, por consiguiente, su resolución se posterga sin obtener resultados favorables.

Observa en qué área de tu vida estás estancado. Pregúntate qué es aquello que tienes pendiente, y que si lo hicieras obtendrías los resultados que quieres, pero que aún no tienes.

Es tiempo de ser conscientes de las preguntas que nos hacemos y cuáles son los paradigmas que nos conducen a ellas.

AUTOSABOTAJE

Es cuando te propones hacer algo que sabes que es imposible. Cabe destacar que no estoy hablando de las cosas extraordinarias que son más grandes que tú mismo, sino, por ejemplo, de realizar la carrera de abogacía en una semana. Es esa clase de objetivos irreales que conducen directamente a la frustración.

Si yo como coach voy a ayudarte a alcanzar una visión extraordinaria, pero tú no crees en ella ni estás comprometido a alcanzarla, te aseguro que ambos estamos yendo directo al fracaso. En vez de tener un proceso que ayude, solo encontrarás frustración basada en expectativas irreales.

Aquí la situación más grave que nos surge no es el fracaso anunciado, sino, más bien, el momento en que no soy capaz de darme cuenta de que esto iría directamente al barranco. Haber mirado con inocencia y demasiado optimismo no es una buena combinación. Pensar que voy a tener éxito sin estar comprometido es la fórmula perfecta para el fracaso.

DISTINGUIR EL SER DEL HACER

Tener un fracaso no te convierte en un fracasado. Tal vez estarás pensando: "Bueno, uno no me convierte en un fracaso, pero pasando la docena quizá". ¡Pues no!

Es necesario que distingas lo que haces de quién eres. Tus acciones son momentáneas y si bien van construyendo quien tú eres, no te determinan. Tú tienes el poder de elegir cuáles experiencias "tomas" y cuáles "sueltas" como parte de tu aprendizaje.

Al haber hecho o experimentado una acción no deseada se presentará la tentación de adjudicarte un nuevo título basado en lo ocurrido. Por ejemplo, si eres el gerente de una empresa exitosa puede que hayas tomado esa palabra como tu identidad. Si luego pierdes ese trabajo, ¿qué sucede con quien tú eres? ¿Dejas de tener identidad por ya no estar realizando la acción de gerente? La respuesta es no, pero muchos pueden sentir que sí.

Aquí es donde necesitamos hacer la diferencia, primero en nuestros pensamientos y luego en nuestro lenguaje. Nosotros no somos lo que hacemos, sino que somos lo que somos. Tu ser no es igual a tu hacer. Hoy puedes elegir qué partes de ti —experiencias, acciones, maneras— tomas para incorporar a tu ser y qué cosas son simplemente parte de tu hacer.

Hay una interactividad entre el ser y el hacer: una retroalimentación. El ser mueve al hacer, pero el hacer influye en el ser.

Aquí me cabe hacerte las siguientes preguntas:

El ser mueve al hacer, pero el hacer influye en el ser.

PREGUNTAS PARA REFLEXIONAR Y TRABAJAR

Foco

¿Te estás enfocando en las posibilidades o en tus errores?

Responsabilidad

Para quien eliges ser, ¿te alcanza? ¿Qué más puedes hacer?

Aceptación

¿Qué pongo en riesgo en caso de no reconocer este fracaso?

Compromiso

¿Están mis acciones alineadas a mis declaraciones?

Aprendizaje

A la hora de emprender una nueva actividad puedo preguntarme: ¿Qué frutos podría traer esta actividad?

Sentido

¿Cuánto crecimiento traerá a mi vida?

Oportunidad

¿Estás aprovechando esta oportunidad para forjar tu carácter?

8

EL TEMOR AL FRACASO

*"No es más valiente aquel que no tiene miedo,
sino el que sabe conquistarlo".*
—Nelson Mandela

La vida es una vida de riesgos.

Es un riesgo salir a la calle, es un riesgo tomar gaseosa, es un riesgo conocer gente. Todo es un riesgo en la vida. Es un riesgo abrir la boca, es un riesgo exponerse. Es un riesgo no abrir la boca. Es un riesgo cambiar de trabajo. Todo es un riesgo. Y todo requiere de mi valentía. Si yo quiero ganar en la vida, tengo que estar dispuesta a perder.

Es muy característico de la persona que es una víctima, salir a no perder. El que sale a no perder no arriesga. Va a lo seguro. No arriesga nada. Prefiere conservar lo que tiene, sin darse cuenta de que, al no arriesgar, ya está perdiendo.

Te asusta tanto tu fracaso que te quedas cómodo con tu dolor.

Me recuerda la historia bíblica en la que un hombre al salir a un viaje largo llamó a sus sirvientes y les entregó su dinero para que lo cuidaran mientras estaba ausente. Lo dividió en porciones a la capacidad de cada uno. Al primero le dio cinco bolsas de plata, al segundo dos bolsas de plata y al último una bolsa de plata.

El que había recibido cinco bolsas hizo negocios e inversiones con ellas, y ganó otras cinco, duplicando así el capital. Del mismo modo, el segundo, que había recibido dos, salió a trabajar y ganó también otras dos. Pero el que había recibido una, fue y cavó un hoyo en la tierra, y escondió el dinero de su amo.

Cuenta la historia que después de mucho tiempo el amo regresó y los llamó para que rindieran cuentas de cómo habían usado su dinero. Llegó el que había recibido cinco bolsas y trajo otras cinco bolsas diciendo: "Señor, cinco bolsas de plata me diste. Aquí tienes, he ganado cinco más". Su señor le dijo: "¡Bien! Buen siervo, fuiste fiel en administrar esta pequeña cantidad, así que ahora te daré más responsabilidades. Vamos a celebrar".

Luego llegó el que había recibido dos bolsas, y le dijo: "Señor, dos bolsas me entregaste. Aquí tienes, he ganado otras dos bolsas de plata". También a este, su amo le dijo:" ¡Bien! Buen siervo. Has sido fiel en administrar esta pequeña cantidad, así ahora voy a darte muchas más responsabilidades. Ven a celebrar conmigo".

Por último, se presentó el siervo que tenía una sola bolsa de plata y le dijo: "Amo, conocía que eres hombre severo, que siegas donde no sembraste y recoges donde no esparciste; por lo cual tenía miedo de perder tu dinero, así que lo escondí en la tierra. Mira, aquí tienes lo que es tuyo".

Respondiendo su amo, le dijo: "Si sabías que siego donde no sembré, y que recojo donde no cultivé, ¿por qué no depositaste mi dinero en el banco y al venir yo hubiera recibido lo que es mío con los intereses?". Entonces dio la orden de que se le quitara el dinero que tenía y se lo entregaron al que tenía diez bolsas de plata.

En conclusión, cuando te dejas llevar por el temor y no te atreves a tomar riesgos, ya perdiste. Te paralizas, no avanzas por temor a que pase lo peor y no te das cuenta de que lo peor ya está ocurriendo desde el momento que transigiste con el temor.

Es preferible esforzar tus ojos buscando un sueño, que gastarlos llorando por no haberlo intentado.

EL TEMOR AL FRACASO Y SUS CONSECUENCIAS

En su trabajo acerca de la vulnerabilidad, la doctora Brene Brown expone que es el temor al fracaso uno de los factores principales que impide a las personas superarse. Nuestra mente tiene un modo muy particular de alimentar el miedo, de buscar y encontrar evidencias de qué cosas malas pueden pasar.

En la mayoría de los casos, magnificamos la posibilidad de que las cosas no salgan bien. Nos imaginamos que si fallamos será el fin del mundo, y gracias a Dios no es así.

Trata de ser realista a la hora de preguntarte: ¿qué es lo peor que podría pasar?

Debemos distinguir entre los momentos particulares en que algo es tan importante, tan intenso, que considero la posibilidad de fracasar como cosa puntual y aislada, y el hábito recurrente de pensar muy seguido en el fracaso.

Algunas de las cosas que nos mueven y generan en nosotros el miedo a fracasar están relacionadas con nuestras propias expectativas, y las expectativas que creemos que otros tienen de nosotros o de nuestro trabajo. Por eso, a la hora de generar una visión, y plantearte objetivos y metas, es muy importante que seas realista sin dejar de ser desafiante, y que esas cosas que te has propuesto sean cosas realizables.

Ante el fracaso y la adversidad nos encontramos con reacciones y respuestas que no sabíamos que podríamos tener, y podemos encontrarnos con un potencial dentro de nosotros que no conocíamos. Cuando logramos salir de esa situación, nos damos cuenta de que algo ha cambiado en nuestro interior: ahora sabemos que somos capaces de enfrentar las dificultades y los fracasos, y salir victoriosos. Pero sabemos que ahora creció nuestra confianza en nuestra capacidad para salir adelante.

Un hombre sabio, luego de haber recibido un premio importante, fue entrevistado y se le preguntó acerca de la clave de su éxito. Esto es lo que respondió:

"Tienes que estar dispuesto a abrazar, aceptar y acoger en tu vida, con los brazos abiertos y una visión muy amplia, el fracaso. Asegúrate de darle siempre la bienvenida al fracaso.

"Siempre di: fracaso, encantado de tenerte, ven. Porque así no tendrás ningún temor. Si no tienes miedo y crees en ti mismo, serás número uno. Todo lo demás está detrás de ti. Es tu vida. El resto no importa".

Los fracasos encierran una enseñanza, tanto sobre nosotros mismos como sobre nuestras circunstancias. Se trata de fracasos que nos transforman porque nos permiten descubrir una fuerza interior que desconocíamos.

Fracasar nos permite darnos cuenta de que es posible empezar de nuevo; que tenemos una nueva oportunidad. Nos hace más fuertes y nos empodera, permitiendo que sepamos quiénes somos realmente, y de qué somos capaces.

> **Fracasar nos permite darnos cuenta de que es posible empezar de nuevo.**

Esto fue lo que sucedió al reconocido empresario guatemalteco Salvador Paiz, copresidente del Grupo PDC, presidente de la Fundación Sergio Paiz Andrade (Funsepa), y director de FUNDESA. Su trayectoria empresarial lo llevó a convertirse en vicepresidente de Wal-mart Centroamérica a sus 33 años.

Sin embargo, los méritos de Salvador no se limitan a los negocios. Fue electo el primer joven líder ("Young Global Leader") de origen guatemalteco por el Foro Económico Mundial en el 2009. Sus aportes cívicos fueron reconocidos por tanques de pensamiento como el Inter-American Dialogue al otorgarle el "Civic Engagement Award" en 2014. Su participación académica y filantrópica abarca temas desde Educación hasta Seguridad Ciudadana.

Ha enfrentado múltiples desafíos demostrando su capacidad resiliente y conquistando el éxito en los diferentes ámbitos a los que debió exponerse. A continuación, reproduzco mi conversación con él.

La tormenta perfecta que me tocó vivir sucede cuando se combinan varios factores. En primera instancia, el fallecimiento de mi padre, Sergio Paiz Andrade, en septiembre del 2002. Él viajaba a El Salvador con otros empresarios interesados en promover el desarrollo de Guatemala cuando su aeronave se accidentó. Eso sucedió tan solo dos semanas antes de la fecha calendarizada de mi matrimonio civil. Yo tenía 27 años en ese momento. Mi padre había sido designado como el sucesor de mi tío Carlos, quien fungía como presidente del grupo empresarial, pero quien estaba a punto de retirarse por su edad.

En paralelo, y tan solo un par de meses después, la multinacional Royal Ahold alerta sobre la posible existencia de fraude en la preparación de sus estados financieros. Royal Ahold era el inversionista estratégico que habría invertido en la empresa de supermercados que originalmente fundó mi abuelo, Carlos B. Paiz Ayala. Así que, en ese momento, yo me veo envuelto en esa tormenta: la sucesión de mi padre, el tratar de ordenar la casa de nuestro propio núcleo familiar, empezar a formar mi nuevo hogar, y además el lidiar con la crisis provocada por el socio estratégico.

¿Qué fue lo primero que vino a tu mente cuando viste que estabas en medio de algo y te tocaba timonear?

La verdad es que no tuve mucho tiempo para pensar. Si el barco está perdiendo su curso y uno está frente al volante es casi instintiva la reacción de timonear. Es hasta mucho después que las emociones lo alcanzan y que uno puede dimensionar la complejidad de los retos y tamaño de los riesgos a los que estaba expuesto.

¿Cuáles fueron tus emociones en el momento?

Fue una época de muchas emociones, tristeza, frustración, enojo, negación. Sin embargo, tampoco me podía dar el lujo de permitir que mis emociones dictaran mi actuar. Tenía en mis manos una tarea tan trascendental y titánica, que mis emociones pasaron a segundo plano.

¿Cuáles eran tus conversaciones internas, y cuáles eran las externas?

Internamente procuraba hablarle mucho a mi padre. Le pedía consejos, trataba de pensar qué habría querido él que yo hiciera, cuáles serían sus expectativas. Sobre todo, le hablaba para pedirle la fortaleza necesaria para sacarnos adelante como familia.

En cuanto a conversaciones externas, tenía muchas en esos momentos. Con mis tíos, ahora como un "par" a nivel de gobernanza empresarial y familiar. Con mis primos, para entender sus preferencias. Con mis hermanos, para definir cómo nos dividíamos las responsabilidades. Con los asesores externos, para entender la situación y las opciones.

¿Puedes reconocer algún juicio u opinión personal que te haya servido para ir adelante? ¿Tuviste algún otro juicio negativo acerca de la situación o de ti mismo que tuvieras que eliminar o manejar?

Soy el decimocuarto de 21 nietos. Mi experiencia era en finanzas y no en supermercadismo. Tenía en ese momento otros tres tíos en vida, además del que se retiraba. Sin embargo, la familia acogió la idea de irme dando un rol de liderazgo cada vez más importante.

¿Qué pensamientos crees que fueron pilares para tus acciones y decisiones?

El actuar por lo que consideré era el bien de mi familia extendida. La clave fue dejar el "yo" de un lado. Para cada paso que daba y cada decisión que debía tomar, siempre me preguntaba "¿qué es lo más conveniente para toda mi familia?"

Parte de ese bienestar familiar implicaba pensar no solo en las decisiones urgentes y críticas de ese instante, sino pensar en una ruta de mediano y largo plazo. Pero en ese momento, en que todo parecía ser un escenario de crisis, era muy difícil decirlo y pensarlo. Por eso, era importantísimo planear una ruta de mediano plazo que nos ayudara a salir de la crisis. Por ejemplo, en ese momento sabíamos que se avecinaba la negociación de la salida de Royal Ahold y la entrada de un nuevo socio estratégico y también sabíamos que esa no era una fortaleza generalizada en la familia. Así que contratamos al autor que escribió el libro sobre negociación de Harvard para que nos impartiera talleres a todos los miembros de la familia.

Parte importante del ejercicio de planificación incluyó pensar en las necesidades de cada elemento del sistema en cada paso que vendría.

¿Cuál crees que fue el momento más difícil? ¿Cuál fue la decisión más difícil que te tocó tomar?

Me tocó vivir muchísimos momentos difíciles y tomar decisiones muy difíciles…. ¡muchísimos! El momento en que fallece mi padre, el momento en que Royal Ahold nos anuncia que vendería su participación en la empresa consolidada, el momento en que se nos anuncia sobre posibles demandas de los accionistas de Royal Ahold, el momento *en que afrontamos posibles demandas por el accidente aéreo, el momento en que le anuncio a mi recién esposa que tendríamos que vivir en Guatemala hasta salir de la crisis, el momento en que se cayó la transacción la primera vez, el momento en que logramos negociar la salida de Royal Ahold como socio, pero se cae la transacción por una contingencia legal, etcétera, etcétera.*

Ahora, respecto a las decisiones difíciles, la primera se presentó alrededor de la media noche a medio huracán Rita. El representante de Royal Ahold me anunció que se levantaría de la mesa y, entonces, decidió ingresar a un taxi a media tormenta para irse. Literalmente me tocó pararme frente al taxi para prevenir que se fuera. Sin nadie a quien consultarle más que a una asesora muy cercana, me tocó decidir ciertas concesiones en nombre de toda la familia. Al final, la transacción sí se llevó a cabo.

¿Qué fue lo que te dio la seguridad de que saldrías adelante?

Sabía que tenía un buen equipo de trabajo a mi lado. Sabía que contaba con el apoyo de mis hermanos y también de toda la familia. Sabía que no tenía la opción de fracasar.

¿Quiénes son tus héroes?

Mis héroes son mi abuelo y mi padre. Ambos me enseñaron muchísimo sobre el trabajo, la entrega, el servicio, la humildad. Aún hoy que no están presentes aquí conmigo, su vida y su ejemplo me dejan grandes enseñanzas todos los días. Tanto mi padre como mi abuelo me dieron un ejemplo gigante y me mostraron el camino que debía seguir en mi vida.

EXTRAORDINARIAS, SÍ; IMPOSIBLES, NO

Muchas veces es la necesidad de aprobación donde este temor halla su sustento. El deseo de ser aceptados y pertenecer, así como también de obtener reconocimiento y aprobación, es parte de lo cotidiano y colabora al ajuste psicológico y social.

El problema se presenta cuando este deseo se transforma en necesidad, porque de este modo comenzará a condicionar nuestras acciones, nuestras elecciones, y terminará limitando nuestras posibilidades de crecimiento. Esta necesidad de aprobación afecta nuestra insatisfacción personal y es acompañada de baja tolerancia a la frustración, baja autoestima y alta autocrítica.

COMO SI EL TEMOR AL FRACASO ME PASARA SOLO A MÍ

Lo peor no es que tengas miedo, sino que pienses que eso te pasa solo a ti. Hay quienes piensan que la única manera de lograr el resultado extraordinario es a través de no tener ningún tipo de temor. El temor también es parte de la vida. Muchas veces hasta podría ser un buen consejero, pero nunca permitas que tome el timón de tu vida. Nunca le entregues tus decisiones.

"Nuestra mayor libertad humana es que, a pesar de nuestra situación física, siempre estamos libres de escoger nuestros pensamientos".

Estas palabras fueron enunciadas por Víctor Frankl, neurólogo, psiquiatra y filósofo austriaco quien sobrevivió durante cuatro años en diferentes campos de concentración experimentando las más horribles atrocidades. Fue separado de su esposa y de toda su familia sufriendo y viendo el terrible sufrimiento de otros. Cuando conoces una pincelada, nada más, de la vida de este hombre, entiendes cuán poderosas pueden ser estas palabras de la boca de alguien que sobrevivió a la más espantosa masacre humana, siendo tal vez uno de los ejemplos más reales de aquellos que viven lo que hablan.

Es maravilloso el hecho de que podemos escoger nuestros pensamientos, más allá de las circunstancias. Hay quienes valoran una perspectiva desde el dolor de aquel que está viviendo la adversidad. El observador que mira desde afuera podrá sentir la profundidad de las palabras y tal vez comprenda el sentimiento, buscando tener la mayor de las empatías. Pero la perspectiva de aquel que vive el dolor es única y personal, y solo cambiará cuando este mengüe.

Es inevitable sentirte mal o sentir dolor cuando fracasas.

Por eso, muchas veces después del fracaso y varios golpes en la vida, estamos listos solo para continuar "trabajando a reglamento" (expresión que se refiere a quienes trabajan cumpliendo con lo mínimo e indispensable, sin añadir esfuerzo alguno por ninguna razón), vivir en el deber ser, estar solamente haciendo esas cosas que la vida cotidiana o que las personas a nuestro alrededor nos demandan. Nos ponemos en modo "cumplir".

Hacemos todo aquello que nos garantice cierta tranquilidad. Mientras levantamos murallas de defensas para protegernos del dolor que produce el fracaso, no nos damos cuenta de que vamos cerrando cada vez más los espacios dentro de nosotros, y este encierro nos produce cada vez más sufrimiento. Al hacer esto, también vamos apagando el fuego que hay en nuestros corazones, el fuego que alguna vez ardió por algo, por una expectativa, por un sueño, por una mirada de algo que esperábamos, algo que queríamos y que en algún momento pudo ser lo más importante que pudiste tener. Vamos apagando esa llama, porque como ya nos desilusionamos y nos dolió, no queremos seguir desilusionándonos. Buscamos protegernos de todo aquello que nos lastima. No solamente nos lastiman las cosas malas; nos duele fallar.

Nos han enseñado que cuando fallamos, fracasamos; cuando fracasamos, perdemos; y cuando perdemos, salimos del juego. Cuando salimos del juego ya no tenemos posibilidades. ¡Y nadie quiere estar fuera del juego!

Tengo que contarte que eso no es así. Fracasar, fallar, perder, todas esas alternativas son parte del juego; no son el juego. Son etapas que pasas mientras aprendes a jugar mejor. Cada vez que practicas, puedes hacerlo un poquito mejor que la vez anterior.

Quizá no te des cuenta y paulatinamente vayas cambiando y mejorando, y aun así no seas capaz de ver tu progreso. Pero date un tiempo y compárate contigo mismo para que veas que todo lo que estás haciendo está teniendo un efecto.

Te aliento a que tengas esperanza. Te animo a que busques expectativas en tu vida, porque si nunca esperas algo, puede que llegue, porque todo llega, pero nunca te enteras. Es posible que te vuelvas a desilusionar porque también es parte del juego.

¡Tengo una buena noticia para darte!

¿Recuerdas la muralla de protección que te tenía encerrado? (claro, como tú la construiste, creías que la tenías, pero en realidad ella te tenía a ti). Tiene una puerta y tú posees la llave que la abre. Cuando abres esa puerta no solamente estás libre, sino que los muros comienzan a caer. Y lo que alguna vez te encerró, te oprimió y te limitó, hoy te permite construir algo nuevo.

Como bien lo dijo Albert Einstein: "Nada se pierde, todo se transforma".

Toma las piedras de los muros caídos y transfórmalos en un camino sólido de aprendizaje. Permíteles que te recuerden que no pudieron contigo. Cada una de tus experiencias te sirvió para forjar tu carácter y dar un paso más hacia quien quieres ser.

PERMÍTETE FRACASAR

Cuántas veces empezamos el día con el temor de que al emprender algo nuevo, un proyecto, un trabajo, una tarea, una mudanza, un negocio, pudiéramos cometer errores y terminar fracasando, y que no podamos lograr nada de lo que queremos lograr. Pensamos que esa no es una opción. No es una opción fracasar, no es una opción equivocarme.

Claro que esto pudiera aplicar en algunos casos: el caso de un cirujano que está operando, el caso del ingeniero en el momento en que está definiendo el último número para la construcción de un puente. En tu vida, quizá. Aun así este momento se construye de momentos anteriores, de todos esos momentos en donde diste pasos y te equivocaste, y volviste a dar pasos y te volviste a equivocar.

En el caso del médico cirujano, tuvo que hacer prácticas, residencias, tuvo que ver muchas operaciones, tuvo que hacer cosas donde lo asistieron, lo ayudaron, lo corrigieron, para poder ser cada vez más preciso. El ingeniero tampoco hizo su gran obra cuando soñaba con la carrera de ingeniería o mientras estudiaba en la universidad. No, fue creciendo.

Todos tenemos que crecer, todos tenemos que aprender. Cuando crecemos, aprendemos, caminamos, nos caemos. Nos equivocamos, cometemos errores y fracasamos. Pero nos volvemos a levantar. E indefectiblemente en este recorrido fallaremos y aprenderemos.

Pero hay un momento en el que el fracaso te lleva al extremo, y no entiendes por qué después de tanto esfuerzo para alcanzar lo que tanto quieres, has vuelto a fracasar.

En ese momento tienes que preguntarte si estás dispuesto a continuar esforzándote, intentando, exponiéndote para lograrlo. O si este sea el momento en que tirarás por la borda todo aquello que construiste hasta hoy, porque todavía no te das cuenta de que con los ladrillos de tu fracaso estás construyendo tu plataforma de éxito.

ACEPTA EL PROCESO, AMA EL PROCESO

Una vez escuché que el fracaso es completamente inevitable cuando vas a lograr algo. Es como el día y la noche: siempre que hay día, habrá noche. Siempre que vas hacia el éxito habrá fracasos, y en cada fracaso encontrarás también cosas buenas. Así que no esperes que haya procesos en tu vida en los que no tendrás errores, fallas o fracasos.

El fracaso es un llamado de atención que te da la vida, es tu oportunidad de reflexionar si aquello por lo que vas, aquello por lo que trabajas, es lo que realmente quieres alcanzar; si tu pasión es tan fuerte como para hacerle frente al fracaso y seguir adelante.

Podría comparar el éxito con el destino de mis vacaciones, y comparar el fracaso en ese viaje con preparar la maleta o hacer la reserva de hotel. Suena bastante absurdo y hasta una pérdida de tiempo pensar que al salir de vacaciones solo disfrutaré el llegar al destino. Aun cuando el viaje fuera incómodo o desagradable, la sola expectativa de lo que voy a vivir me permite disfrutar el camino.

Recuerdo que hace unos años atrás, elegimos con mi esposo y nuestras hijas hacer un viaje en carro. Después de investigar y conversar acerca de las posibilidades, finalmente habíamos elegido el destino. Iríamos a la ciudad de Puerto Madryn, una hermosa ciudad en Argentina, que quedaba a mil quinientos kilómetros de distancia de donde vivíamos. Teníamos varios días feriados en Semana Santa y queríamos disfrutarlos. Dada la distancia a recorrer, nos tomaría aproximadamente quince horas corridas de viaje. Sin embargo, nuestra travesía duró dos días completos hasta llegar allí.

No nos habíamos perdido, pero no teníamos apuro y habíamos elegido que las vacaciones comenzaran en el mismo momento que nos subíamos al auto. Hicimos varias paradas conociendo más de los lugares que conformaban nuestro camino y pernoctamos en un bonito hotel que encontramos en la ruta. Las horas se pasaron demasiado rápido entre cuentos, canciones, juegos que inventábamos y muchas risas.

Finalmente llegamos. Visitamos la ciudad y la recorrimos durante dos días. Conocimos paisajes que parecían sacados de un sueño. Y como no era temporada de avistar ballenas, nos montamos a un pequeño barco con piso transparente para poder ver la belleza que esconde el océano a esas alturas y las pocas ballenas que se encontraban mar adentro.

Recorrimos sus pintorescas calles, comimos su comida típica y luego emprendimos la vuelta a casa de dos días de camino.

Este regreso fue uno de los viajes más divertidos y memorables de todos. Saboreamos cada momento, y aún tengo grabada en mis retinas esa imagen que atesoro y me recuerda que puedo elegir el camino y disfrutar el proceso.

Aprende a vivir amando el proceso, porque es tu vida. Elige el camino porque puedes llegar al mismo destino de muchas maneras. Pero tienes la gran oportunidad de trazar el camino que quieres recorrer, y permitirte enamorarte del mismo, disfrutarlo y crecer mientras caminas y ayudas a otros a crecer también.

Aprende a vivir amando el proceso, porque es tu vida.

PREGUNTAS PARA REFLEXIONAR Y TRABAJAR

Foco

Si te tocara vivir una tormenta perfecta, ¿cuál sería tu primer foco?

Responsabilidad

¿Cuáles fueron tus emociones al hacerte responsable del fracaso?

Aceptación

¿Cuál crees que fue tu mayor obstáculo a la hora de aceptar la situación?

Compromiso

¿Tuviste compromisos que se enfrentaron entre sí, donde está tu compromiso maestro?

Aprendizaje

¿Pudiste detectar tus prioridades?

Sentido

¿Qué significa el fracaso en tu vida?

Oportunidad

Encuentra lo que veas más destruido. Allí está la gran oportunidad de construir.

9

GESTIONAR EL FRACASO

"Una experiencia nunca es un fracaso,
pues siempre viene a demostrar algo".
—Thomas Alva Edison

En ocasiones viví fracasos que pude gestionar bien, y en otras no.

A veces tuve elementos visibles o herramientas que me permitieron gestionar el fracaso positiva y correctamente. Pero luego entendí que, si bien esas herramientas eran importantes, más importante sería desde dónde miro el fracaso; quién elijo ser para gestionar el fracaso y lo que yo gestiono a través del fracaso.

Toma el fracaso nuevamente como rompimiento o estrellarse. Quítale la connotación de culpa, límite y vergüenza. Si te estrellaste o si algo se rompió, es hora de pensar qué hago y quién soy después de pasar por allí. Es hora de observarme. ¿Soy más fuerte? ¿Soy más débil?

Ese fracaso, ¿es un punto de inflexión para mí? ¿Está trayendo en mí una mirada de oportunidades o está trayendo una gran excusa para explicar el ayer?

Recuerda que la excusa y la justificación nunca te sirven, porque te quitan tiempo y energía hoy, y no te resolverán la situación de mañana.

GESTIONAR EL FRACASO O REINTERPRETAR EL FRACASO

"Si no has quebrado alguna vez no eres un verdadero empresario", dijo en una sesión un joven coach que estaba siendo bien exitoso en su carrera profesional a partir de un proceso de liderazgo que había creado para organizar y proceder en su empresa de limpieza.

Continuó diciendo: "Muchas veces creo que hice algo mal porque no he quebrado todavía y ya esta es mi segunda empresa exitosa". Hablamos de sus miedos, de sus paradigmas y de su éxito. Mejor dicho, hablamos de su falta de fracaso. Él hablaba como si le faltara algo. O como si el fantasma de la regla del fracaso lo acechara y perseguía constantemente para recordarle que su tiempo era prestado y que pronto, muy pronto, su caída vendría como un asesino sigiloso, que cuando consigues darte cuenta, es demasiado tarde.

¡Qué pesar! ¡Qué pesar vivir mirando por encima de tu hombro constantemente, en medio del éxito, preguntándote cuándo llegará tu final!

El fracaso es una interpretación y también es inevitable. Pero al ser interpretativo, depende de nosotros si podemos reconocer cuándo hemos fracasado y volver a empoderarnos en el proceso.

Al continuar en nuestra sesión, pudimos ver que muchas veces él se había equivocado. Había tomado decisiones incorrectas y buscado consejo en los lugares que no debía. Muchas veces él había pensado que sabía más de lo que sabía, y le había faltado hacer preguntas. Muchas veces estuvo en déficit. Muchas veces no supo cómo pagar a sus empleados el salario del mes, o cómo lograr por fin hacer que la empresa pasara al frente.

Pero desde su mirada, el fracaso solo era declararse en quiebra. Como eso no había sucedido, no lograba disfrutar de su éxito pensando en lo inevitable. Si podemos interpretar estos momentos desde una mirada de aprendizaje y crecimiento, cada uno de estos pasos pueden tomarse como fracasos momentáneos, pequeñas caídas que lo ayudaron a volverse más determinado en tener éxito. Son esos pasos que nos demuestran lo fuertes que somos, que nos muestran que podemos, que nos llevan al próximo escalón descubriendo que dentro de ti existía una respuesta que jamás habías visto o escuchado, y hoy te llevará a un nuevo nivel.

Muchos "casos de éxito" son en verdad "casos de fracaso". Fracasos que empoderaron. Fracasos que no "mataron". Fracasos que, después de pasar "el trago amargo", cerrar los ojos y levantar la cabeza, te diste cuenta de que te permitieron seguir caminando con más fuerza que antes.

La manera en la que gestionamos el fracaso es el secreto para que este sea un trampolín hacia nuevas oportunidades y miradas, o solamente un límite, una explicación de la adversidad.

Lo que se requiere para gestionar el fracaso es:

1. Responsabilidad y reconocer que sucedió

Tu experiencia de vida está cien por ciento determinada por ti, es tuya y está en tus manos. Eres dueño de tus pensamientos siempre, a menos que elijas solo las ideas que otros te ofrecen. Aun así, será tu elección. Te invito a que puedas categorizar ese fracaso.

Para eso, pregúntate:

¿Cómo afecta esto mi futuro y en qué áreas?

Toma conciencia de cómo te afecta emocionalmente.

¿Tengo un fracaso, o el fracaso que me ocurrió me tiene a mí?

Aprovecha esta oportunidad para pensar y evaluar si ese fracaso es más fuerte en ti que tu pasión por lograrlo. ¿Qué tipo de fuego arde en ti?

> *"Si empiezas a pensar que lo que estás haciendo es muy importante, necesitas tomarte unas vacaciones".*
> —Bertrand Russell

Las palabras de Russell hacen referencia al énfasis excesivo que ponemos muchas veces en las cosas que hacemos. Las vemos tan importantes que terminamos esforzándonos por ellas más de la cuenta y magnificando la sensación del resultado que nos traiga. Si nos va bien será una profunda alegría entusiasta, si nos va mal será un sufrimiento, en el que nos sumergimos y estancamos.

El sufrimiento que te causa tu fracaso es directamente proporcional al grado de importancia que des a los sucesos de tu vida.

Recuerda que la vida es algo demasiado serio como para no reírte de algunas de las cosas que pasan.

Hay diferentes tipos de situaciones y niveles de importancia.

No te estanques en el sufrimiento por darle la misma intensidad e importancia a todas las cosas que no funcionan o salen mal. Quítales seriedad a aquellas cosas que están tomando tu tiempo de pensamiento mayoritario.

2. Controla tu manera de pensar. Toma las riendas de tus pensamientos y no te enfoques en los aspectos negativos del tema en cuestión.

Pensar negativamente resultará doloroso y afectará la manera de observar. Es decir, la forma en la que vemos las cosas y nuestra manera de ver afectará nuestra manera de actuar. Si dejamos que los pensamientos negativos afecten nuestra manera de observar y actuar, esto nos puede hacer propensos a bajar los brazos, y rendirnos.

Claro que no estoy trayendo una nueva revelación. Sabemos que hay pensamientos que son completamente improductivos y peor aún, nos pueden dañar y llevar a hacer cosas que no solo me pueden perjudicar a mí, sino también pueden perjudicar a otros.

El problema es que nuestra mente tiene la capacidad de alimentar pensamientos negativos y seguir buscando argumento, haciendo crecer pensamientos y sentimientos como si fuera una bola de nieve que sigue creciendo.

Es paradójico cómo mientras sabemos que estamos sumergidos en un pensamiento que no es provechoso, normalmente no hacemos nada para salir de allí. Muchas veces el motivo es que no sabemos cómo, y nos quedamos congelados, sin poder movernos. Es como si pensáramos que estar inmóviles nos hiciera invisibles ante la amenaza del pensamiento. Así, tal vez pase por mi costado sin tocarme y sin notar que estoy aquí.

¿Es posible evitar el pensamiento negativo y hacer que vengan pensamientos de posibilidad ante la realidad de quien ha fracasado?

Muchas veces no podemos evitar que vengan los pensamientos negativos a nuestra mente. Lo que sí podemos hacer es evitar otorgarles poder. ¿Cómo lo logramos?

Cuando esto sucede, debemos ser conscientes y distinguirlos; no darles espacio ni considerarlos. Debemos evitar que se escondan detrás de algún otro pensamiento, exponerlos y que podamos reconocerlos inmediatamente y de ese modo cambiarlos de forma inmediata.

Solo siendo conscientes de nuestros pensamientos, lograremos bajarles el volumen y quitarles poder para pensar productivamente.

3. Observa lo que piensas

Ya que no podemos evitar que vengan pensamientos a nuestra mente, los pensamientos negativos son, en general, producto de distorsiones cognitivas, o patrones de pensamiento irracional. Obsérvalos como si fueras un espectador.

Si no les permites tomar dominio de tu mente simplemente se disiparán. Visualízalos como si fueran troncos que viajan río abajo. Tarde o temprano los perderás de vista. Acepta tus pensamientos negativos y déjalos marchar.

Observas tus pensamientos negativos, pero no los juzgas. De esta forma, no te implicas emocionalmente y no te activas fisiológicamente. Estableces una distancia entre tú y el pensamiento.

4. Replantea cualquier cuestión que estés pensando y repensando.

Pensemos en los pensamientos. Si le hicieran un control de calidad a tu mente el día de hoy, ¿cuántos pensamientos estarían expirados? ¿Te has guardado pensamientos que ya deberían haber sido descartados?

Cuando debemos tomar una decisión y no lo hacemos, generamos caos mental. Acumulamos pensamientos sobre un mismo tema sin llegar a una conclusión saludable.

Cuando tu mente se enfoca en la solución, el razonar sobre un tema te ayuda. Al enfocarte en algo, construyes a partir de ese pensamiento y empiezas a generar realidades desde ese pensamiento. Primero se escabulle en tu lenguaje y luego se convierte en el protagonista de tus acciones. Es así que puede aparecer nuestro Eureka, como le pasó al matemático griego Arquímedes. Mientras estaba dándose un baño, pensando en resolver el problema que le había formulado el rey Hieron II en relación a la pureza del oro de una corona, descubrió lo que hoy se denomina el principio de Arquímedes, que establece la relación entre el volumen de un cuerpo sumergido y la fuerza de flotación que este experimenta.

Él enunció lo siguiente: "Todo cuerpo sumergido en el agua produce un empuje vertical de abajo hacia arriba igual al peso del líquido que desplaza". Este descubrimiento fue básico en el estudio de la hidráulica. ¿Por qué le funcionó? ¿Cómo logramos nuestro momento Eureka?

Cuando estás relajado, es en el lóbulo temporal donde surge esa magia y se forman las ideas. Pero tienen que ser momentos en los que estás tranquilo y, por eso, a veces estás en la ducha, o paseando a tu perro, o haciendo deporte y, de repente, atas cabos. Pero para que nuestro amigo el lóbulo funcione, tenemos que haberlo alimentado previamente de información que le permita trabajar. Tenemos que adelantarle parte del trabajo.

Hablemos de lo que pasa cuando nos quedamos dando vueltas sin poder resolver algo.

Cuando esto sucede, es el momento de discernir y separar en tu mente aquello que es verdad en tus pensamientos, y reconocer y descartar lo que has creado en tu mente antes de empezar a buscar una solución. Antes de continuar, te pregunto, ¿cuando perseverabas en ese pensamiento, estabas buscando una solución? ¿O tal vez simplemente estabas buscando evidencia en tu mente para confirmar aquello que estabas pensando?

Si construyes un pensamiento sobre una premisa equivocada, vas a tener un pensamiento equivocado. Por ejemplo, si yo pienso que alguien me está engañando y estoy tan convencida, terminaré construyendo un camino de desconfianza. La peor parte de esto es que del mismo modo que mis pensamientos pasan a mi lenguaje, luego se convierten en mis acciones. Muchas veces terminan guiando al otro a hacer aquellas cosas que yo estoy temiendo.

No te extrañes si después de eliminar la fantasía te encuentras que no hay ningún problema más allá del que has creado tú mismo. El hecho de pensar y repensar negativamente denota patrones de pensamiento excesivo. Tenemos la tendencia de pensar que las cosas cambiarán solo por seguir pensando en ello. Pero cuando perseveramos en el pensamiento negativo, solo aumentaremos las preocupaciones y traeremos más temores.

Debemos desactivar el poder de los pensamientos negativos, entendiendo que no vemos las cosas como son, las vemos como somos. Si nos permitimos quedarnos estancados allí, lo único que lograremos será un estado de tristeza e improductividad que solo puede terminar en la sensación de fracaso o en el fracaso mismo.

Las malas conversaciones corrompen las buenas costumbres.

Evita las conversaciones que circunstancialmente te lleven de vuelta a pensar demasiado en los detalles y motivos de lo que ha salido mal.

Cuidado con las situaciones o personas que te quieren mantener con la cabeza bajo el agua. Muchas veces personas bien intencionadas te traen la conversación equivocada. No des vueltas en tu mente buscando un culpable, ya que solo lograrás estimular la sensación de fracaso.

5. Relaciónate con gente que puede edificarte y ofrecerte una nueva mirada, un diferente ángulo de observación; que te permitan obtener aprendizaje de lo vivido.

Busca intencionalmente rodearte de estímulos que te hagan bien, gente que sea positiva. Permite que el optimismo te rodee. Luego de vivir una situación que fracasó, solemos estar más vulnerables, sensibles, influenciables. La cuestión no es gastar las fuerzas que tienes para luchar contra cualquier mala influencia, sino más bien rodéate de aquellas cosas y personas que produzcan en ti el efecto que deseas vivir.

6. Haz declaraciones de posibilidad.

Permite que tu mente recorra los caminos de edificación de futuro y se ejercite en encontrar la salida de cada situación. Busca maneras de recordar y tener presente esta declaración.

Recuerda que no es un sentimiento; es una decisión.

7. Si te das cuenta de que te has quedado atrapado en un pensamiento nocivo, es hora de ponerte en acción.

Por supuesto que, si quieres seguir lamentándote o victimizándote será una labor demasiado pesada para una derrota anunciada, pero si quieres cambiar la situación, es un excelente momento para intervenir en tu cuerpo. Así que corre, baila, sal a caminar, o vete al gimnasio. No te pares a pensar. Ya tu mente a la deriva te llevará adonde no quieres estar. Deja que tu cuerpo tome las riendas y lleve a tu mente a otra parte.

El ejercicio aumenta los niveles de serotonina y reduce el estrés (cortisol), es decir, aumenta la felicidad y reduce la ansiedad. Ponernos en movimiento cuando nos invaden pensamientos nocivos es una necesidad.

8. Recuerda que errar es humano y nadie es perfecto.

¡Anímate!

Es fácil detenerte y estancarte en tus errores, pero lo mejor que puedes hacer es aprender de ellos y seguir adelante.

No pongas el foco en tu debilidad o limitación, céntrate en tus fortalezas y en tus virtudes. Algunas cosas no las podrás cambiar, así que valora y aprovecha lo que tienes. Es maravilloso cómo los seres humanos poseemos el potencial de aprender de cualquier situación por muy adversa que parezca. Así que cuando cometemos un error, en lugar de condenarnos, aprendamos de él.

NO DURARÁ POR SIEMPRE

Como reza el dicho popular: no hay mal que dure cien años. Nada de lo que te suceda se quedará para siempre, pero recuerda que lo que se resiste, persiste. Toda vez que resistas la situación, ya sea negándola o magnificándola, estarás perpetuando su efecto negativo. Un pensamiento no tiene más poder que el que tú le das.

Cada uno es responsable de la manera que tiene de gestionar sus propios pensamientos. No importa por qué un pensamiento surge: lo importante es que puedes elegir y que puedes generar un entorno adecuado en el que quieres estar.

Recuerda que eres dueño de tus pensamientos, aunque te parezca que no los puedes dominar. Esfuérzate e inténtalo una vez más, y verás que lo lograrás.

La felicidad no es el objetivo final, sino la condición necesaria para que la vida florezca.

EL CÍRCULO DEL ÉXITO

Genera tu círculo de éxito y bienestar. Concéntrate en mejorar tus capacidades.

Pregúntate: ¿Qué te falta? ¿Qué conocimiento o habilidad me sería útil hoy para este propósito? No te conviertes en alguien por tu deseo, sino por tus habilidades.

Mientras estaba investigando acerca del fracaso, se abrió un mundo inmenso delante de mis ojos al tomar conciencia de la cantidad de experiencias de derrota que atraviesan una y otra vez las personas que llegan a lograr sus objetivos en la vida. Esto sucede en todos los ámbitos, tanto personales como laborales y sin excepción, esto cubre cualquier ámbito laboral del que podamos hablar. Llegar a vivir derrota y fracaso se encuentra en el ámbito del ser. Por tal motivo siempre estará relacionado con tu manera de ser.

Tengo la certeza de que uno de los ámbitos en los que debe desarrollar más resiliencia, perseverancia y una excelente relación con la gestión de tus fracasos es el de la actuación, la televisión, el cine, los medios en general. Esto aplica especialmente a los actores, porque como es una industria que se mueve por proyectos, al finalizar cada uno de ellos vuelven a encontrarse en proceso de selección, o sea, en castings.

Pensé en esto, y sin perder tiempo acudí a mi amigo Efraín Ruales para hacerle la pregunta acerca de si alguna vez había sentido el peso del fracaso y cómo se relacionó con eso. Efraín, además de ser una excelente persona y de una altísima calidad humana, es actor y trabaja como conductor desde hace unos cuantos años en uno de los programas más vistos en la televisión ecuatoriana.

Esto fue lo que me respondió:

¿Mi fracaso, un ocaso?

Una de las definiciones de ocaso es la decadencia o desaparición de algo. Podríamos decir que a mis 35 años me ha tocado ser testigo y protagonizar varios ocasos en mi vida, y no tengo problema en relacionar el ocaso con el fracaso. Podríamos decir que en mi vocabulario estas palabras son primas-hermanas. El fracaso no es nada más y nada menos que un resultado adverso en una cosa que se esperaba que sucediese bien. El fracaso, al igual que el ocaso, son transiciones que la vida utiliza para dar paso a la oscuridad, una oscuridad momentánea, porque infinita no es. El fracaso, al igual que el ocaso, sabe que tiene las horas contadas y

tendrán que dar paso a la luz. Lastimosamente hemos asociado la palabra fracaso con devastación, conclusión, catástrofe, cuando no es más que un simple ocaso, el cual todos
tendremos que vivir, y no solo una, sino las veces que sean
necesarias para que el carácter sea forjado.

Muchas veces fracasé, y en el mundo de la televisión
pudiera decir que el margen de fracaso es mucho más alto,
y considero que se acrecienta porque las oportunidades son
más escasas. Realicé muchos castings, muchas pruebas para
poder participar en varias producciones de mi país. Recibí
muchos 'no nos llame, nosotros lo llamaremos'. Enseguida,
después de cada casting regresaba a mi casa pensando que
había fracasado, y la verdad es que sí había fracasado, pues
nunca recibía la llamada de vuelta. Pero a la siguiente
semana recibía otra llamada para otro casting, y ahí me
encontraba yo, haciendo fila con muchas ganas, cada vez
más seguro de lo que quería, con diez centavos más de experiencia, con muchos sueños, pero también consciente de la
remota posibilidad de un fracaso.

Después de algunos intentos, pude ingresar a la televisión
haciendo papeles muy pequeños, muchos de ellos como
extra. No puedo negar que muchas veces pensé que había
elegido la carrera incorrecta, pues en ese momento no sentí
que había experimentado un fracaso aislado como lo había
sentido antes. Más bien sentía que estaba viviendo un fracaso constante, no sentía que avanzaba, no sentía que crecía
y las oportunidades eran nulas.

Ya cuando obtuve mi primer papel con cierto protagonismo
dentro de una novela, viviría uno de los fracasos que más
huella me dejaría. Nunca pude conectarme con el personaje

que la historia requería, nunca pude encontrar el acento, no me sentía cómodo y los textos no los podía memorizar, hasta que un día el mismo director pidió que se me retirara de la producción. En ese momento sentí que el fracaso me marcaba el fin a un sueño que desde muy pequeño tuve, que era actuar.

Estuve un año fuera de la televisión, dedicándome a mis estudios en la universidad en la carrera de ingeniería comercial. Las ganas de actuar no habían desaparecido y las oportunidades no demorarían mucho más tiempo en aparecer. Volví a aceptar otro papel dentro de una novela, pero esta vez me sentía mucho más confiado, más seguro, más crédulo de mis capacidades. En mi cabeza estaba constantemente el recuerdo del fracaso que había vivido años atrás, lo que me volvía más convencido de no querer volver a vivirlo.

Hoy, con más de 17 años en la televisión y varias producciones en mi haber como actor de reparto, como conductor de televisión, como animador de programas, podríamos decir que los fracasos nunca han escaseado, siempre han estado presentes en las diferentes etapas de mi vida. Son los fracasos los que me han permitido generar y ganar experiencia para nuevos retos, para llevar mi carrera a un siguiente nivel.

Y justamente hoy, escribiendo estas palabras y sincerándome, he caído en cuenta que hace algunos años ya no he vivido un nuevo fracaso, fracasos de esos que te dejan en la lona, todo mareado y confundido. Siento que estos últimos años mi vida ha navegado sobre un mar tranquilo, sin mucho movimiento ni olas fuertes, y la verdad es que se

extrañan las crisis, se extrañan los golpes sin aviso, se extra-
ñan los resbalones inesperados, se extrañan los fracasos edi-
ficadores. Sabes que después de un ineludible ocaso, la luz
tendrá que salir y será tu tiempo para levantarte.

Lo que sí trato siempre de tener presente es no fracasar por
las mismas razones por las cuales ya he fracasado. La idea
es obtener resultados diferentes, por lo tanto, debe haber
obstáculos diferentes. Considero que los fracasos no son jus-
tificables cuando se caminan por las mismas calles que te
condujeron a él, cuando repites las acciones o palabras que
te auspiciaron el fracaso, cuando te rodeas de los mismos
rostros que entorpecen, que no aportaron tu crecimiento y
que, al contrario, fueron piedras de tropiezo para el fracaso.
Me mantengo en que el fracaso no debe ser sinónimo de
derrota o de temor. Más bien debe ser considerado como
parte obligada del proceso, etapa en la que engordamos el
conocimiento y la experiencia, para nutrir el carácter y for-
talecer nuestra personalidad. Espero ansioso mi próximo
fracaso, porque luego de eso, la cosa se pone mejor.

Efraín Ruales

HAZ DE ESTE DÍA EL MEJOR DÍA Y LA MEJOR SEMANA

Quien estás siendo para la sociedad es lo que determinará quién ella esté siendo para ti, no importa lo grande o difícil que la estés pasando.

Nada sucederá fuera de ti que primero no haya sucedido dentro de ti. Hoy es un gran día para ser como aquellos que cambiaron la historia. Hoy es un gran día para salir a la vida y hablarles a todos que no es lo que entra lo que contamina, sino lo que sale, y que podemos comprometernos a cuidar el jardín de nuestro corazón.

¿Qué te parece si le sonríes a quien cada día solo te mira mal? ¿Qué te parece si dejas de mirar las cosas que no pudiste hacer y sales a generar un nuevo mundo mucho más grande que el anterior? ¿Qué te parece si en vez de pensar todo el día en lo que tienes, eliges pensar en lo que estás dispuesto a dar? ¡Nunca más vivirás este día! ¿Por qué entregárselo al vacío, o a la nada, para que solo pase? Hagamos de él un maravilloso tiempo.

PREGUNTAS PARA REFLEXIONAR Y TRABAJAR

Foco

¿Estás gestionando tu fracaso desde tu compromiso o desde la necesidad?

Responsabilidad

¿Qué crees que pesa más, hacerte responsable del fracaso, o la responsabilidad de seguir fracasando?

Aceptación

¿Cuánto te costó la demora al aceptar un fracaso?

Compromiso

Los compromisos de las personas que te rodean, ¿están alineados con tus objetivos?

Aprendizaje

¿Qué nueva herramienta tienes hoy que ayer no tenías?

Sentido

Tus interpretaciones de la vida, ¿te están ayudando a ver más?

Oportunidad

Si pudieras elegir lo que sucedería en esta situación,
¿qué sería?

10

EL FRACASO NO ES UNA CAÍDA LIBRE

"Cuanto más alto estés posicionado,
más dura será la caída".

La verdad es que esto no tiene que ser necesariamente así. Son varios los factores que intervienen en el resultado final. Claro que como en todos los casos, esto también estará ligado a la manera en que me relacione con ello. Lo que muchas veces observamos es que alguien hoy tiene éxito, y mañana fracasa. Pero, así como dijimos anteriormente, no existe el éxito de la noche a la mañana, ni tampoco el fracaso de un día para el otro.

De la misma manera en que lleva un tiempo construir el éxito, así también vamos yendo al fracaso, muchas veces sin darnos cuenta. Aquellas cosas que nos conducen al fracaso, tanto en nuestra vida laboral como personal, mayormente ocurren en estos espacios de ceguera, razón por la cual en ocasiones un negocio puede estar yendo en picada, y aunque sus dueños, directivos y empleados (a veces también los clientes) puedan ver el efecto, no logran distinguir las razones, o sea, aquello que está causando la debacle.

Como solemos decir, los seres humanos tenemos 180° de visión y 180° de ceguera. Solo vemos la mitad del cuadro. Inevitablemente habrá cosas que no seremos capaces de ver, sea porque los propios paradigmas nos limitan, o por falta de distinciones, o tal vez por algo que nos negamos a ver. La cuestión es que no debemos olvidarnos de que no vemos las cosas como son, sino que las vemos como somos. Esto quiere decir que las cosas no son de una sola determinada manera, sino que vamos a procesar lo que estamos viendo según nuestra propia perspectiva de vida.

Puede ser que, dentro de tu compañía o negocio, especialmente si es un negocio familiar, estén compartiendo el mismo espacio de ceguera. Si es así, es posible que cada vez que analicen la situación vuelvan a ver los mismos beneficios de ciertas acciones y no logran ver aquellas cosas que pudieran traer consecuencias negativas.

Son muchos y diversos los motivos que pudieran causar la falta de resultados. Por eso lo primero que debes hacer es poder tener un panorama más grande, una vista panorámica, un cuadro que sea lo más completo posible que te permita observar con detalle los distintos ámbitos y áreas; ya sea tu negocio, tu familia, tu matrimonio, o el dominio en el que tengas necesidad. Te encontrarás con cosas que debes cambiar, acciones nuevas que debes tomar y alguna cosa que tendrás que eliminar.

La mejor inversión que puedes hacer es, sin duda, contratar un coach que te asista con una mirada externa, y de esa manera logres ver lo que hasta ahora no viste, para que puedas hacer lo que hasta ahora no hiciste; y comenzar a ser quien hasta ahora no fuiste, pero que quieres ser.

LA AERODINÁMICA

Según la física, como caída libre se designa aquella que un cuerpo experimenta cuando está únicamente sometido a la acción de gravedad, y que supone un descenso vertical. De allí que esta definición excluya a las caídas influenciadas, en mayor o menor medida, por la resistencia del aire, así como a cualquier otra que tenga lugar como consecuencia de la presencia de un fluido.

En el vacío, la aceleración es constante, y es la misma para todos los cuerpos independientemente de su forma y peso. La presencia de fluidos como el aire, por ejemplo, tiende a frenar ese movimiento, haciendo depender la aceleración de otros factores, como la forma, el peso o la densidad del cuerpo.

La aceleración en la caída libre es la aceleración de la gravedad, que es de aproximadamente 9,81 m/s2. Si el movimiento es en descenso, el valor de la aceleración es positivo, mientras que, si se trata de un ascenso vertical, este valor pasa a ser negativo, pues constituye un movimiento desacelerado.

Al ascenso en vertical se le denomina tiro vertical, y se refiere al movimiento en el cual un objeto es lanzado en línea recta hacia arriba. Tal vez resulte un poco compleja esta explicación, pero básicamente quiero destacar tres cosas de lo que la física nos está diciendo.

La primera es que es más fácil ir hacia abajo que hacia arriba.

Según la ley de la entropía, de manera natural todo tiende a la disgregación, a la descomposición y al deterioro. Por lo tanto, es necesaria una fuerza superior para contrarrestar el efecto esta ley universal.

La segunda es que hay circunstancias que pueden frenar la caída o desacelerarla.

La tercera es que la caída dependerá también de las condiciones del cuerpo en cuestión, llámese su forma, su peso, su densidad.

Si has tenido una caída, no importa qué tan alto estabas. Busca enfrentar y repasar las situaciones a un paso de la caída para generar los contextos necesarios y evitar que te pueda suceder nuevamente.

Pon tu mirada adelante, no tengas miedo de soñar. Sé intencional en pensar positivamente acerca del futuro. En general, los pensamientos automáticos suelen ser negativos.

Por eso te invito a observarte, a prestar atención a lo que estás pensando y a la manera en que estás haciendo.

La mejor cura para las heridas del fracaso es ocuparte de generar el próximo éxito.

No hay duda de que cada experiencia en nuestra vida nos va tocando, modificando, y muchas veces hasta moldeando. Pero no nos definen, a menos que nosotros permitamos que así sea.

No duermas sobre la almohada del fracaso.

Observa y presta atención a aquellas cosas que no debes repetir, lo que debes cambiar, pero pasa la página y comienza a escribir la nueva historia... ¡la de tu nuevo éxito!

Los seres humanos somos capaces de sobreponernos a situaciones, ya sea de grandes fracasos o de intenso dolor. Somos capaces de continuar y seguir adelante luego de una pérdida de un ser querido, una difícil enfermedad, o una situación personal realmente traumática.

¿CUÁL ES LA SOLUCIÓN O LA SALIDA PARA VENCER EN CADA SITUACIÓN?

Es la resiliencia del hombre, que aparece en los momentos en los que sentimos que la vida nos pone a prueba. Es esa capacidad de otorgar un sentido concreto a una situación de dolor con el objetivo de poder enfrentarla mejor. Según el psiquiatra Luis Rojas Marcos, la resiliencia es el camino para aceptar una realidad tal y como es, asimilar la información y buscar los recursos personales con los que encarar una situación de una forma más efectiva.

El término resiliencia viene de la física y es la capacidad de un objeto de pasar por situaciones extremas, sin presentar comportamientos disfuncionales. Es la capacidad de soportar, resistir, luchar y volver al estado anterior.

Dos características principales de un objeto resiliente son su resistencia y su flexibilidad. Toda vez que nuestra actitud sea rígida e inflexible, nuestros caminos se verán no solo más difíciles y con menos esperanza, sino también con grandes posibilidades de que este produzca un quiebre en mi persona. De esa manera la recuperación será mucho más difícil y, muchas veces, imposible.

Ser flexible te permitirá reconocer opciones como posibilidades y sacarle aprendizaje a la situación. Queremos tener en cuenta que se busca salir fortalecidos de la situación. Hay personas que son más resilientes, otras lo son menos, pero la buena noticia es que puedes desarrollar la resiliencia.

Esto no significa que las cosas sean fáciles, pero sí que se volverán posibles, ya que siempre que hay esperanza logramos una fuerza interior para luchar y ganar. Aunque te suene demasiado sencillo, es importante buscar el lado positivo de la situación, no importa qué tan negativa sea la misma. Siempre encontrarás una veta que te ayudará a darle una interpretación que te impulse hacia adelante.

Se dice que una persona ha tenido crecimiento postraumático cuando es mejor después del evento traumático que antes de vivirlo. Pero como señala el reconocido psiquiatra antes mencionado, no debemos confundir el sufrimiento *per se* con la lucha por superarlo, por salir adelante. No es el sufrimiento o trauma el que te da el crecimiento, sino lo que logras dentro de ti por haber luchado y resistido para lograr la victoria.

Las siguientes son algunas cosas que puedes hacer para lograr resiliencia:

1. Acepta la situación. Recuerda que aceptar no es resignarse ni rendirse. Pararte en aceptación te ubica correctamente para rediseñar y modificar la situación.

2. Chequea tu círculo de relaciones y cultívalo. Según el neurólogo y psiquiatra francés Boris Cyrulnik, lo que nos salva en los momentos más terribles de nuestras vidas es estar conectados con alguien, al menos con una persona. Si es posible, lo ideal es desarrollar

los diferentes tipos de relación, tanto familiares, amigos, pareja, y si fuera necesario, el apoyo de un profesional.

3. Aumenta o incorpora tiempos de lectura.

4. Diseña tu futuro.

5. Construye una visión.

6. Desarrolla y cuida la esperanza.

Así que estás en el momento justo para buscar en ti la mejor actitud de agradecimiento y, con la frente en alto, elevarte al siguiente desafío en tu vida.

PREGUNTAS PARA REFLEXIONAR Y TRABAJAR

Foco

¿Has tomado tiempo para diseñar futuro, construir una visión y desarrollar esperanza?

Responsabilidad

¿En qué ámbito hoy te puedes hacer responsable?

Aceptación

¿Cuándo crees que es el mejor momento para aceptar la caída?

Compromiso

¿Cuáles son las acciones que sostienen tus compromisos?

Aprendizaje

¿En qué áreas se amplió tu capacidad de acción efectiva?

Sentido

¿Qué cosa crees que te aporta tu última caída?

Oportunidad

¿Aprovechaste el camino hacia abajo para reconocer los escalones que necesitarás para volver a subir?

11

¡TÚ ELIGES!
NO LE DES LUGAR AL DESÁNIMO

"El éxito es aprender a ir de fracaso en
fracaso sin desesperarse".
—Sir Winston Churchill

¡Cuánta sabiduría contienen estas palabras que nos marcan un camino seguro para el éxito!

Es necesario (además de inevitable) cometer errores, aprender de ellos y, sobre todo, mantener una actitud que te permita aprender.

Me encanta esta frase inicial de Sir Winston Churchill, quien llegó a ser Primer Ministro de Gran Bretaña entre 1940 y 1945, y asimismo entre 1951 y 1955. Este hombre lideró exitosamente a su país durante la Segunda Guerra Mundial y lo llevó a obtener una impensada victoria, aunque estaba al borde de la derrota. Ha sido también muy conocido por sus discursos motivacionales e inspiradores. Sin embargo, en los primeros años de su vida, no proyectaba un futuro brillante ni mucho menos.

A juzgar por su historia y su infancia, no se anticiparía jamás que pudiera llegar a ser un día uno de los hombres más citados de habla inglesa, y uno de los más poderosos del mundo.

Para ver un cuadro más claro de su persona, mencionaremos algunas de las cosas que eran evidentes en su vida de niño. Era propenso a las enfermedades y tenía algunas dificultades del habla, por ejemplo, ceceaba y tartamudeaba. A eso podemos sumarle que su récord académico era paupérrimo.

Una carta enviada a la madre de Wilson Churchill en julio de 1888 detalla muchas de estas falencias que evidenciaba. Lo describían como olvidadizo, descuidado e impuntual. ¡Sí, impuntual! Tal vez ahora no te signifique mucho, pero para un inglés ese puede ser un verdadero insulto. El haber comenzado su escolaridad a los 8 años de edad, sumado a sus muchas fragilidades físicas lo convirtieron en blanco de *bullying*.

Nada de esto lo definió, o tal vez sí. Tal vez fueron estos los factores que lo impulsaron a tener una actitud de vida que lo convertiría en alguien que supo ir más allá de sus temores y fracasos para convertir las situaciones más difíciles en la posibilidad de éxito que no dejaría escapar. ¡Qué gran ejemplo de alguien que se convocó a sí mismo a superarse, a crecer, a resolverse; alguien que pudo haberse dejado llevar por las circunstancias!

Cuando las condiciones no son favorables es muy fácil echar culpas, victimizarse o darse por vencido. Este no fue su caso, sino todo lo contrario. Él no solo superó múltiples condiciones personales poco gratas, sino también, a lo largo de su vida, fue capaz de cambiar el estatus de una nación y de influenciar con sus discursos a un pueblo que, palpando la derrota de la guerra, tomó nuevas fuerzas, se unió en oración, sus soldados fueron inspirados para darlo todo, y pudieron ver cómo las circunstancias daban un giro imposible, resultando victoriosos.

LAS TRES OLLAS

Cuenta el relato acerca de una joven, quien, decepcionada por diferentes circunstancias de la vida, va a quejarse con sus padres. Les expresa su cansancio ante tantas situaciones, problemas y desafíos que no cesaban. Todo en su vida parecía estar fracasando. La seguidilla de infortunios y desilusiones parecía estar coordinada para que no quedara ninguna posibilidad de disfrutar o descansar. Sus padres, comprendiendo el estado de su hija, se disponen a darle una enseñanza que jamás olvidaría. Ellos cruzaron las miradas con complicidad, como poniéndose de acuerdo con un solo gesto, y cada uno se dirigió a un diferente lugar.

El padre tomó tres ollas, las llenó de agua y las puso sobre el fuego fuerte. La madre fue al refrigerador y tomó unos huevos, unas zanahorias, y de la despensa unos granos de café.

Entonces agregaron los huevos en la primera olla, las zanahorias en la segunda y el café en la tercera, y esperaron pacientemente mientras aprovechaban el tiempo para contarse algunas anécdotas.

Luego de unos cuantos minutos, el padre retiró, los huevos y las zanahorias de los recipientes mientras que la madre servía unos ricos cafés. Entonces le hicieron la pregunta. "¿Lo ves?".

"Sí", contestó ella: "¿Huevos, zanahorias y café?". Su padre le explicó con amor: "Estos tres elementos fueron expuestos a las mismas condiciones, el agua hirviendo. Sin embargo, puedes ver que la zanahoria, que antes era dura y firme, ahora es blanda y se debilitó. El huevo, que era blando y de consistencia dúctil, ahora es duro en su interior. Ambos han sido modificados por las circunstancias. Sin embargo, el café que estamos disfrutando sacó lo mejor de sí y fue capaz de modificar aquello que lo estaba afectando.

"Todos estos elementos han sido expuestos a las mismas condiciones. Lo que hace la diferencia es la reacción de cada uno de estos tres elementos ante aquello a lo que fueron expuestos. No importa si son tus fracasos, tus errores, tu dolor o adversidad, tú puedes elegir cuál será la reacción que tendrás frente a cada cosa en tu vida. Si vas a debilitarte, o endurecerte o permitir que salga lo mejor de ti".

Los seres humanos somos educables y podemos ser perfeccionados. Fuimos diseñados para aprender y para crecer. No importa cuál sea tu estilo de aprendizaje, lo importante aquí es que avances. Eres más que capaz de observar y aceptar tus errores y fracasos, no para resignarte, sino para poder diseñarte con intencionalidad, distinguir aquello que se debe corregir, desarrollar las habilidades y practicar, o si quieres, "fracasar", hasta que salga bien, para que te conviertas en un éxito, fracasando.

Claro que el fracaso además de incómodo suele ser indeseable, y a veces hasta desmoralizante si se lo permites, pero teniendo en cuenta que tus emociones son las predisposiciones para tu accionar, debes mantenerte automotivado y cuidando tu corazón y tus pensamientos.

Sé protagonista y no esperes que alguien más, tu entorno, las circunstancias, tus amigos o tus enemigos sean los que te mueven hacia delante. No dependas de la aprobación de los demás.

Tú eres dueño de tus pensamientos que generan tus emociones. Es posible que desarrolles la fortaleza necesaria para hacer de cualquier fracaso el primer escalón para tu éxito.

No importa cuál sea tu límite hoy, tu techo y tus paredes no son definitivos, tampoco inamovibles. Tu ser, al igual que tu vida, es dinámico y tiene la capacidad de expandirse. No permitas que aquellos juicios que desarrollaste de ti mismo a causa de los fracasos te rotulen. Este es el momento de capitalizar tus experiencias y convertir tu vida en un contexto donde el éxito florece.

Para eso, debes preparar el terreno.

Aquí tienes una lista de cosas que te ayudarán a lograrlo. Practica diariamente.

1. Mira a tu alrededor y enumera al menos cinco cosas por las cuales estés agradecido.

2. Menciónate a ti mismo cuatro virtudes que puedas reconocerte (piensa bien, porque te aseguro que allí están).

3. Reconoce tres logros de tu vida.

4. Escoge un fracaso personal y conviértelo en el impulso que te desafía a elevarte.

5. Regálate un momento en el día y úsalo para perdonarte cada uno de tus errores.

Anteriormente comentamos que aquello que capta nuestra atención tiene la capacidad de tomar el control de nuestras vidas.

¿Dónde estás poniendo el foco? ¿Dónde está tu mirada?

¿Qué es lo que atrapa tu atención día tras día?

¿Estás siendo capaz de redirigir tu atención cuando esta no te beneficia?

Sería buenísimo que nuestro propósito fuera el foco principal de nuestra atención.

Tú eliges qué será lo que predomine, pero recuerda que es una disciplina de tu mente sostenerse en un pensamiento.

Según la doctora Caroline Leaf, nos convertimos en aquello que nos mantenemos pensando.

Hay muchas cosas sobre las cuales no tenemos dominio. Entonces, ¿dónde yace nuestra capacidad de elegir? Lo primero que debo hacer es distinguir entre aquellas cosas que puedo controlar y las que no puedo controlar.

A veces no puedo evitar que mi atención sea atrapada por una situación, y que esta tome control de mi vida, pero puedo elegir dónde dejaré que mi pensamiento repose. Si miras hacia atrás y tomas situaciones que te resultaron negativas o desagradables, y pones el foco en reinterpretarlas, las vuelves menos importantes, entendiendo que tu futuro es más grande y más poderoso que tu pasado.

El gran poder que tienen los juicios que tenemos sobre nosotros mismos y sobre la situación que vivimos son fundamentos en nuestros paradigmas. Recordemos que los juicios son las opiniones que tenemos acerca de nosotros mismos, de otros o de una situación, y les dan la dirección a nuestras interpretaciones.

¿QUÉ ES UN JUICIO?

Según el diccionario, encontramos dos aplicaciones:

1. Opinión razonada que alguien se forma sobre una persona o una cosa.

2. Facultad o capacidad del entendimiento, por cuya virtud el hombre puede distinguir entre el bien y el mal, y entre lo verdadero y lo falso.

Vamos a referirnos a la primera acepción mencionada.

Si mi pasado me hace pensar, a causa de mis juicios, que no tengo la capacidad, el talento o la suerte para obtener en la vida los resultados que quiero alcanzar, titular mis opiniones como "juicios" me hace tomar conciencia de que me estoy sentenciando a través de ellos.

Cuando emito un juicio hago una sentencia.

Si tengo un juicio acerca de mí misma de que resulto agradable a las otras personas y les caigo bien, actuaré con frescura y libertad. Pero si mi juicio fuera el opuesto y la opinión que tengo de mí fuera que no soy aceptada, que van a pensar algo malo de mí, seguramente actuaría de manera incómoda, y quizá en la búsqueda del acercamiento con el fin de agradar, tendría los resultados opuestos.

¿Qué pasa cuando soy sentenciada? Bueno, si estuviera en la corte tendría dos opciones macro: la primera, inocente, y la segunda, culpable. Si soy inocente saldré a vivir mi libertad. Si soy culpable debo cumplir una condena. Tal vez estás pensando que es un poco fuerte y extremo el ejemplo que te estoy poniendo. Sin embargo, me pregunto si no actuamos así en la vida cuando nos sentimos condenados al fracaso, a la pobreza, o a la infelicidad. Tal vez lleve la vida creyendo que mi familia estaba destinada a la destrucción. Tal vez creí las palabras de alguien que dijo algo así como: "La gente como tú nunca va a salir adelante", o "será imposible para ti que superes ese miedo". Cuando recibimos este tipo de cosas y las creemos, se formarán juicios en nosotros que nos condenarán a vivir lo que no queremos vivir.

La buena noticia es que tú puedes cambiar esto, puedes hacer del tiempo que te queda por vivir, "el mejor tiempo". Para esto te invito a que seas un observador agudo de ti mismo:

1. Obsérvate a ti mismo y tus pensamientos.

2. Enfrenta el juicio que te detiene y quítale poder.

3. Haz la declaración en voz alta de lo que será tu vida a partir de ahora.

4. Escríbelo.

5. Actúalo.

A partir de ahora no permitas a nadie que te diga que no puedes. Cuida tus pensamientos. Cuida tus palabras. Cuida lo que escuchas. Cuida tus conversaciones.

Tú tienes el poder para elegir qué pensamientos aceptarás y cultivarás, y cuáles deberás cancelar. No le des lugar a los pensamientos que te llevan a la derrota. No le permitas a tu mente que te cuente la historia de fracaso que podrías vivir o la razón por la cual las cosas no saldrán. En cambio, interrumpe la conversación en tu mente y enfócate nuevamente en aquello que quieres alcanzar. Recuerda que siempre puedes elegir.

Atrévete a cuestionarte los motivos por los que estás haciendo lo que haces. La razón por la cual haces, o hiciste algo por determinado tiempo ¿aún existe? ¿Para qué haces lo que haces?

No importa cuánto tiempo hace que repites acciones que internamente sabes que te llevarán al fracaso, lo que no está funcionando ahora no funcionará después. Las mismas acciones te traerán los mismos resultados.

Se requiere valor para tomar riesgos y decir que sí a las cosas, pero también se necesita valor para decir que no a algo cuando no está funcionando. ¿Sabes qué es peor que haber hecho algo que fracasó? Seguir haciendo lo mismo cuando sabes que vas directo al precipicio.

Debes preguntarte: ¿Qué tan importante es esto para mí?

¿A qué fracaso de ayer tienes que agradecerle tu éxito de hoy?

PREGUNTAS PARA REFLEXIONAR Y TRABAJAR

Foco

¿Estás enfocado en ser o en el hacer?

Responsabilidad

¿De qué fracaso estás dispuesto a hacerte cargo hoy?

Aceptación

Cuanto antes puedas aceptar una derrota, más rápido accederás la victoria. ¿Estás listo?

Compromiso

¿Qué interpretación le estás dando a tus cansancios y qué puedes hacer para fortalecerte?

Aprendizaje

¿Estás listo para ver la vida con ojos nuevos?

Sentido

¿Qué estás dispuesto a hacer para alcanzar tu propósito?

Oportunidad

Si tuvieras la oportunidad de comenzar de nuevo, ¿la aprovecharías?

12

TORMENTA PERFECTA

*"Conviértete en **éxito** a partir del fracaso."*

Henry Ford solía decir que el fracaso es la oportunidad de comenzar de nuevo con más inteligencia.

VALORES

Los valores son cualidades que hacen que una realidad sea estimable. Son los valores los que enaltecen al ser humano. Por lo tanto, un valor humano se considera una virtud donde se apoya el sentido más profundo de tu vida. ¿Alguna vez te pusiste a pensar cuáles son los valores que conforman la estructura de tu vida?

Si tienes clara la línea de valores en tu vida, las cosas que son importantes, te dan la respuesta a la pregunta de las elecciones. ¿Hago esto o no lo hago? ¿Lo hago de esta manera A o de esta manera B? A veces responderás a valores compartidos, y otras veces simplemente será la respuesta que viva en ti.

ACTITUD DE AGRADECIMIENTO

Un tiempo atrás tuve la oportunidad de escuchar una conferencia del empresario estadounidense Warren Buffet. Me llamó mucho la atención la actitud de agradecimiento que tiene frente a la vida, y cómo es capaz de comunicar con simpleza las cosas más complejas.

Cuando elige un personal, elige tres características: inteligencia, integridad y energía.

Con la misma mirada de gratitud, te digo:

+ Agradece por lo que tienes ahora, más allá de lo que estés pasando en estos tiempos. Yo te garantizo que el sol volverá a salir.

+ No es el final de algo, sino el comienzo de lo nuevo que estás viviendo. Por tanto, ponte tu mejor ropa y tu mejor sonrisa, y recibe con agradecimiento esta nueva oportunidad.

+ Agradece que hoy sabes lo que antes no sabías. Hoy tienes la experiencia que antes no tenías.

+ Elige pensar en tu elección de futuro, y ya no pierdas tiempo en lamentarte por lo que pasó. Enfócate en lo positivo y deja el pesimismo. Abre tu mente a otras perspectivas.

DESARROLLA EL HÁBITO DE CONVERTIR CADA DIFICULTAD EN UNA OPORTUNIDAD

Es bien conocida la historia de la compañía de calzado que enviaba a los buenos vendedores a lugares difíciles, para probarlos y ver si realmente serían merecedores de un ascenso y capaces de liderar un equipo de trabajo efectivamente. Al encontrarse dos candidatos realmente capaces, porque ambos habían logrado resultados sobresalientes, deciden enviar a uno de ellos a un pueblo lejano, bello y tranquilo. El vendedor comienza a preocuparse gravemente al ver que cada persona con la que se cruzaba no tenía zapatos puestos, y comienza a averiguar hasta descubrir que ellos no usaban zapatos.

Donde todo se ha destruido, todo está por construirse.

Preocupado, llama a sus superiores y les avisa que está regresando para que lo reasignen a otra ciudad, ya que había perdido varios días y en esta ciudad nadie usaba zapatos, y el negocio fracasaría sin duda.

Inmediatamente el otro vendedor es enviado al mismo pueblo para la misma misión. No tardó en darse cuenta de lo que el anterior descubrió. Sin perder el tiempo, llamó a sus superiores y les dijo: "¡Urgente! Envíenme todas mis cosas. Me quedaré un tiempo. Aquí nadie tiene zapatos y llegué antes que la competencia".

Las dificultades son parte del camino, y al igual que en la historia pueden convertirse en una gran oportunidad. Son como piedras que pueden estorbar o entorpecer el camino, o puedes usarlas para sentarte en ellas, descansar y acomodar tu mirada nuevamente.

- No le temas a la dificultad.
- Mejor aprende a relacionarte con ella más poderosamente.
- Mátala con la indiferencia.
- Quítale el foco.

♦ Deja de preguntarte por qué te pasan a ti esas cosas.

♦ Deja de quejarte por lo que sea que estés viviendo.

En cambio, agradece, pues la vida a veces nos desacelera para poder ver con más claridad y leer las señales.

Eso es muy bueno, especialmente cuando estás yendo en una dirección improductiva que te lleva a estrellarte. ¡Aprende a escuchar las señales!

EMPODERA TU VIDA

¿Cómo empoderamos nuestra vida? ¿Qué podemos hacer en el presente para cambiar el presente? Sí, leíste bien: en el presente para cambiar el presente.

Puede ser que te suene absurda la pregunta. Pero más absurdo es el hecho de que cuando no nos gusta lo que estamos viviendo, nos quejamos y el próximo presente que es mañana se repite con las mismas características o situaciones, porque no hemos hecho nada para cambiarlo.

La cosa mágica del presente es que en un segundo es pasado. Así que no te da tiempo, no puedes hacer mucho en el presente para el presente. Hoy puedes prestar atención y cambiar la dirección de tus pasos, pero si no diseñas tu futuro no sabrás cuál es verdaderamente el sentido que le vas a dar.

Para el presente trabajaste ayer, y para mañana trabajas hoy. Así que empoderar tu futuro empieza en este mismo momento.

**Para el presente trabajaste ayer,
y para mañana trabajas hoy.**

La vida nos brinda la posibilidad de hacer todo, de lograr todo. La pregunta es qué queremos lograr. De todo lo que queremos lograr, qué cosa será primero, porque no podemos lograrlo todo al mismo tiempo. Debemos elegir. Las elecciones diarias, las decisiones de cada segundo nos hacen ser quienes somos. Los resultados y las consecuencias en nuestras vidas dependen de las decisiones que tomo.

Pareciera ser que las grandes elecciones, esas elecciones visibles, son las que nos cambian la vida, y por supuesto que influyen. Pero las elecciones que me definen son aquellas que diariamente hago desde el ser que quiero ser. Son las que vienen de lo más profundo de tu corazón. Cuando hablo de tu corazón no estoy hablando de romanticismo, sino de esa parte que está en lo profundo de ti donde radican tus convicciones, las creencias que te empoderan y las que te limitan.

A la hora de elegir tenemos que conocer las opciones que tenemos delante. ¿Qué nos hace distinguir lo que tenemos adelante para poder tomar una decisión? ¿Qué es lo que hace que en nuestra perspectiva una cosa sea mejor que la otra? Son nuestras prioridades. ¿De dónde vienen nuestras prioridades? Del propósito, de nuestra misión. De entender para qué hacemos lo que hacemos, de tu "para qué" en tu vida.

La vida nos ofrece éxitos y fracasos, y esas ofertas vienen incluidas en las decisiones que tomamos todos los días. Mi pequeña diaria decisión está formando mi vida.

No todo lo que encuentro en mi mente, aquello que pienso, son pensamientos propios. No puedo evitar que vengan pensamientos de cualquier tipo a mi mente, pero puedo elegir cuáles se quedan y hacen morada en mí. Aquellos pensamientos que tengan mayor tiempo de exposición en mi mente entrarán a mi corazón y se alojarán en mí. Sean buenos o malos, ahora son parte de mí.

Si los pensamientos en los que perseveré fueron pensamientos de temor e inseguridad, habré hecho crecer eso en mí. En cambio, si busco pensamientos de seguridad, de posibilidad, y les doy tiempo de exposición en mi mente, estos empezarán de igual manera a ser parte de mí y habré fortalecido del mismo modo estas características.

Todas las personas tenemos una estructura de convicciones, de creencias, que son como profecías de auto cumplimiento. Esto sucede básicamente porque una vez que las dejamos entrar, no las cuestionamos.

Si bien, como decíamos antes, la vida es un regalo que tiene privilegios y responsabilidades, ambos le pertenecen a quien recibe el regalo, y no siempre la vida te dará flores, ni necesariamente habrá un camino abierto. Una vez más recuerda que no se trata de las circunstancias que me toquen, o las cosas que sucedan, sino cómo me relaciono con ellas.

Así que, si no hay un camino abierto, ¡abre uno! Y ten la generosidad de permitir que otro lo mejore. No te quedes con lo que has hecho hasta ahora. No te conformes. Si dejamos que nuestra mente se impregne de pensamientos negativos y los dejamos entrar a nuestro corazón, los pensamientos negativos nos van a gobernar. Si los pensamientos son positivos, gobernarán los positivos.

Tal vez te preguntes: ¿Por qué gobiernan ellos y no gobierno yo? Porque tú dominas en el momento que permites que entren. Una vez que entran al corazón, es mucho más difícil sacarlos porque nuestra mente fue diseñada para guardar y proteger nuestras creencias. Podríamos comparar nuestras mentes con un arma y nuestros pensamientos con las municiones. El arma está disparando continuamente, pero el efecto que produzca dependerá de las municiones que tenga cargadas. Si sales a cazar y tu rifle tiene balas de salva, es probable que la presa se te escape. Así que no dependerá de tu puntería, ni tampoco de tus acciones, si no de lo que hayas puesto en el arma antes.

Por lo tanto, primero tenemos que elegir nuestros pensamientos, así como la manera en que queremos vivir.

> **El éxito, al igual que el fracaso, es una apreciación. Lo que para muchos es éxito, para otros es fracaso.**

Cuando digo mucho, poco, bueno, malo, estoy haciendo apreciaciones. Recuerda que hablamos de los juicios en el capítulo 11. Si yo tengo un proyecto determinado y el resultado corresponde con lo que esperaba, para lo cual trabajé, digo que hubo éxito. En el caso donde el resultado no se corresponde, diré que fracasé. Quizá lo que ayer era éxito hoy puede ser un fracaso, y lo que ayer era fracaso hoy puede ser un éxito.

Yo puedo ser una maestra de logros, ¿pero sabes qué pasa cuando te envicias con el logro? Te vuelves un profesional del logro que alcanza cosas extraordinarias. Por decantación, todas las cosas que no logras automáticamente en tu percepción podrían convertirse en fracasos. Y te olvidas de vivir en plenitud.

Fuimos diseñados para dar fruto, pero también para ser felices. Muchas veces alcanzamos un logro y otro y otro más, y nos volvemos expertos para alcanzar cosas, pero estamos carentes de plenitud. Así que nos va a faltar algo. Entonces estamos tan apurados por lograr lo siguiente, que vas corriendo a tu próximo logro. ¡No hay tiempo! Mientras todavía tienes una mano en el último logro, ya tienes la otra en el siguiente logro. Mientras tanto, me pierdo los mejores momentos porque estoy corriendo.

PLENITUD

La definición de plenitud es: el estado de una cosa o persona que ha alcanzado su momento de máxima perfección o desarrollo. Cuando logras resultados y estás contento, solemos creer que podemos tener plenitud. En cambio, cuando fracasamos estamos tristes o frustrados y seguramente creemos que no vamos a tener plenitud.

Permíteme decirte que la plenitud no depende de tus éxitos. Ni tus fracasos pueden quitarte la plenitud.

La plenitud no depende de tus éxitos. Ni tus fracasos pueden quitarte la plenitud.

¿En qué dominio crees que se encuentra la plenitud en tu vida? Habita en nuestro ser, pero también debe ocupar nuestro hacer y nuestro estar. Entonces, ¿es posible vivir en plenitud más allá del éxito? Sí, tú puedes vivir pleno desde la declaración y la preparación de tu ser. Tu plenitud en tu mente tiene que ver con tus límites, y ellos son los que determinan hasta dónde llegas, y cuando llegas ahí curiosamente tu límite se expandió.

COMPLETITUD

La completitud es la cualidad de estar completos, pero no solo por completar un trabajo, un proyecto, no estamos hablando de terminar una tarea. No estoy hablando de completar en el hacer, sino del ser. Así que podemos estar completos desde el ámbito declarativo. Es decir: hago la declaración de completitud.

En todas las áreas de la vida son nuestras declaraciones lo que va a cambiar nuestro futuro. Lo que declaremos hacia adelante será lo que nosotros vamos a vivir. Podrían faltar muchas cosas, tener cosas por hacer y aun después de un día intenso, habiendo hecho nuestro mejor esfuerzo y sin lograr alcanzar algunos logros, podríamos irnos a dormir declarándonos completos.

Hemos dado poder a las declaraciones de otros, a los rótulos que nos han puesto, al *bullying*, a los resultados, a las circunstancias, le hemos dado poder al mundo, cuando el poder está en nosotros.Tenemos la capacidad y la autoridad para declarar completitud en nuestra vida.

¿Quién es el que elige quién seré yo?

Yo misma.

¿Quién elige quién serás tú?

¡Claro, esa es la respuesta! Eres tú.

Te invito a hacer el siguiente ejercicio de pensar y preguntarte:

1. ¿Qué me hace sentir pleno?

2. Busca declararte completo por aquellas cosas que hiciste y aun por aquellas cosas que no pudiste terminar o no lograste hacer.

> *"Vivir bien el hoy se ocupará de mañana".*
> —Dale Bronner

 **Las decisiones y elecciones en nuestras vidas son los conductores de nuestro futuro y el sabor de nuestro presente.**

¿A qué sabe tu presente?

¿Tu presente es amargo?

¿Tu presente sabe a ira?

¿O tu presente sabe a amor?

¿Sabe a posibilidad, a sueño cumplido?

Que el sabor que tenga tu presente corresponda a disfrutar el mañana que quieres tener.

Quiero invitarte a disfrutar, a vivir plenamente. Vive con intensidad cada día, porque cada día que pasa no lo recuperaremos jamás.

Como te dije antes, esta es una invitación a la libertad, a sacarte de encima el peso del fracaso, de la frustración, de lo que otros dirán, y a que empieces caminar en la selva del aprendizaje. A que puedas reírte de ti mismo. Que puedas vivir cada día pensando que mañana el sol volverá a salir.

PREGUNTAS PARA REFLEXIONAR Y TRABAJAR

Foco

¡Hoy es el día para ver la vida desde la plenitud que quieres vivir!

Responsabilidad

Tú tienes la habilidad para responder. Tú eres la respuesta que estás buscando.

Aceptación

Aceptar y aceptarte te dará lo que necesitas para hacer un cambio.

Compromiso

Eleva tu nivel de compromiso y en toda circunstancia tendrás el logro asegurado.

Aprendizaje

Quien es capaz de aprender de sus fracasos, ha alcanzado el éxito.

Sentido

¿Cuáles son los principales valores que te puedes reconocer?

Oportunidad

Mantén tus ojos bien abiertos, porque la próxima oportunidad está a una conversación de distancia.

Y tú estás listo, ¡aprovéchala!

ACERCA DE LA AUTORA

Laura Teme vive a diario su pasión por exaltar la vida, y elevar la estima y la valoración personal en los demás. Es co-fundadora y directora de METODOCC, y se enfoca en desarrollar el Coaching Cristiano para mujeres que desean ser protagonistas de su propia historia.

En el año 2016 Laura fue diagnosticada con cáncer en estadio 4. La dura y exitosa batalla de dos años que libró contra la enfermedad acrecentó su pasión por empoderar a las personas, ayudándolas a superar miedos, frustraciones y grandes obstáculos de la vida.

Hoy Laura está dedicada a viajar por el mundo compartiendo su propia historia de victoria y ofreciendo herramientas para lograr un futuro distinto en manos de Dios.

Sus conferencias "Logra lo extraordinario", "Alcanza tus sueños, vive sin límites" y "De víctima a protagonista" están causando que miles de personas transformen su mirada, y disfruten de vidas plenas para sí mismas, para sus familias y para la sociedad en la que están inmersas.

Es autora del libro *Mujer Protagonista*, y junto a su esposo, el Dr. Héctor Teme, escribió el éxito de librería *Logra lo extraordinario*, sobre el proceso de coaching transformativo.

Laura vive actualmente en la ciudad de Miami, es esposa y compañera de Héctor, el amor de su vida, madre de tres bellas mujeres y abuela de Agustín y Gael.